울지 마, 팔레스타인

فلسطين

울지 마, 팔레스타인

ⓒ 홍미정 · 서정환, 2011

1판 1쇄 2011년 10월 5일 펴냄
1판 3쇄 2013년 8월 26일 펴냄
2판 1쇄 2016년 3월 2일 펴냄

지은이 홍미정 · 서정환
사진 서정환
펴낸이 김성실
표지 박대성
제작 한영문화사

펴낸곳 시대의창   **등록** 제10-1756호(1999. 5. 11)
주소 121-816 서울시 마포구 연희로 19-1
전화 02) 335-6125   **팩스** 02) 325-5607
전자우편 sidaebooks@daum.net
페이스북 www.facebook.com/sidaebooks
트위터 @sidaebooks

ISBN 978-89-5940-602-9 (03900)

이 도서의 국립중앙도서관 출판예정도서목록(CIP)은
서지정보유통지원시스템 홈페이지(http://seoji.nl.go.kr)와
국가자료공동목록시스템(http://www.nl.go.kr/kolisnet)에서 이용하실 수 있습니다.
(CIP제어번호: CIP2016003851)

Palestine

울지 마, 팔레스타인

홍미정 · 서정환 지음

시대의창

지도에서 지워지고

어느 양심에서 지워진

팔레스타인, 변방의 슬픔.

2판 출간을 앞두고, 5년이라는 긴 시간 동안《울지 마, 팔레스타인》을 사랑해주신 독자 여러분께 진심으로 감사드린다.

우리와 경제·외교적 관계가 거의 없고 유가油價에 영향을 미칠 산유국도 아닌 지구 반대편 작은 나라, 팔레스타인 문제를 다룬 이 책이 이렇게 오랜 시간을 무수히 쏟아지는 신간들 속에서 살아남으리라고는 예상하지 못했다.

이번 2판에 인용된 연례적인 지표들, 이를테면 팔레스타인의 GDP나 문맹률, 이스라엘 내부의 팔레스타인 구금자 상황 등은 현재 기준에서 가장 최신 자료들을 반영했다. 현재 시점에서 부자연스러운 표현이나 마음에 담아두고 있던 비문, 원래의 뜻과 달리 쓰인 문장들도 약간이나마 일부 수정했다.

이 책이 처음 출간 된 후 지금까지 팔레스타인과 중동에서는 크고 작은 사건이 있었지만, 팔레스타인 사람들의 삶과 환경은 변하지 않았다. 이집트에서 시작된 중동 민주화의 물결이 거셌지만 팔레스타인에서는 10년째 총선이 열리지 않고 있다. 2014년에 이스라엘이 또 가자지구를 대대적으

Palestine

로 공습하여 약 2,220명의 사망자가 발생했지만, 이를 주도했던 이스라엘 극우 정당 리쿠드당은 이듬해인 작년 총선에서 또 다시 승리했다.

저자들의 사정도 있지만, 근본적으로는 팔레스타인의 상황이 이 책이 처음 출간됐던 당시에 비해 거의 변하지 않은 탓에 새로운 내용을 독자들에게 선보이지 못하게 된 점이 안타깝다. 다만 4부의 끝에 가장 최근의 사건을 다룬 〈위기에 처한 동예루살렘 이슬람 성지〉를 수록하여 아쉬움을 달랜다.

다시 한 번 독자들께 감사드리며, 팔레스타인과 이 땅 모든 가정에 평화가 함께하길 빈다.

2016년 2월

공저자 홍미정 · 서정환 드림

이 책은 이스라엘-팔레스타인 분쟁의 실체를 한국인들에게 알리려는 데목적이 있다. 1948년 8월 15일 대한민국이 건국되었고 한반도는 여전히분단 상태에 있다. 이스라엘인들은 팔레스타인인들을 무력으로 몰아내면서 1948년 5월 14일 이스라엘을 건국했고, 팔레스타인인들과 여전히 분쟁 중에 있다. 이 두 사건은 모두 2차 대전 이후 새로운 세계를 구축하는과정에서 발생한 것이다. 우리가 원하든 그렇지 않든 간에 전후 세계 구조는 우리 삶 전반에 큰 영향을 끼쳤다. 예루살렘을 포함한 팔레스타인에서 벌어지는 사건이 우리와 무관하지 않은 이유가 여기에 있다. 그러므로국제사회와 깊이 연루된 이스라엘-팔레스타인 분쟁을 명확하게 이해하는 것은 '지금, 여기' 한반도에서 벌어지는 일들을 이해하는 데 도움을줄 것이다.

이 책은 팔레스타인 문제에 오래 관심을 기울여온 서정환 씨가 그동안쓴 글과 나의 글을 엮어낸 것이다. 팔레스타인 문제에 관한 기사, 논문,책은 대개 외신을 통해 얻은 '걸러진' 정보에 기댄 것이 많았다. 한풀 죽은 책들에 한 권 더 얹지 않기 위해 우리는 팔레스타인 현장에서 체득한

Palestine

경험을 바탕으로 생기 있는 책을 만들고자 노력했다.

팔레스타인의 격동기였던 2005년부터 2009년까지 정치상황에 관해서는 주로 내가 정리했다. 예루살렘 소유권 논쟁, 팔레스타인 난민 문제, 시온주의 신화 등 팔레스타인 문제를 바라보는 데 기본 정보로 필요한 것은 내 논문을 쉽게 풀어 써 설명했으며, 알나자 대학교 사타르 카셈 정치학과 교수 글을 특별히 넣어 내용을 더 보탰다. 서정환 씨는 2009년에 팔레스타인에 다녀왔는데, 그때 현장에서 취재한 내용을 잘 정리해주었다. 특히 당시 찍은 분쟁 현장과 팔레스타인인들 일상을 담은 사진은 그 자체만으로도 강렬한 메시지를 전해준다.

이 책을 마무리할 즈음, 중동이 혁명이란 걷잡을 수 없는 거센 바람에 휩싸였다. 이 움직임이 이스라엘-팔레스타인 문제에 어떤 영향을 미칠지도 다루었다.

나는 2001년부터 거의 매년 방학 기간에 동예루살렘에 있는 팔레스타인 국제문제연구소^{PASSIA}에 머물면서 팔레스타인 문제에 관해 연구해왔다. 지금까지 연구 활동 전반에 조언과 후원을 아끼지 않은 마흐디 압둘 하디

소장, 팔레스타인 전임 무프티(1994~2006년)인 아크라마 사브리와 그의 두 딸, 루바바와 루브나 그리고 사타르 카셈 교수, 현지 조사할 때 적극 도와준 팔레스타인 시민단체에서 일하는 칼리드 나집 씨에게 특별히 감사한 마음을 전한다. 마지막으로 책이 나오도록 처음부터 끝까지 편집에 전력을 다해준 서정환 씨에게 고마움을 전한다.

2011년 9월 홍미정

11

Palestine

1929년 당시, '조선'이라는 땅의 어느 산간 오지에 살던 나의 할아버지는 아홉 살이었다. 그해 10월 29일, 지구 반대편에 있던 뉴욕 주식거래소에서는 주가가 폭락하는 사건이 벌어졌다. 당시만 해도 한국과 경제, 문화적 관계가 전무했던 미국 주식시장 상황이 할아버지 삶과 무슨 상관이 있었을까?

'검은 화요일'로 불린 그날의 사건은 곧 세계대공황으로 이어졌고, 대공황은 다시 2차 대전으로, 2차 대전은 조선 해방으로 흘러갔다. 그러나 해방은 미소 양국에 의한 분할로, 분할은 분단으로, 분단은 한국전쟁으로 이어졌다. 할아버지는 "(2차 대전 때) 징용을 피하느라 산속에 숨어 지냈느니라" "한국전쟁 때는 징병 피하느라 중병 앓는 체했느니라" "네 할미 무릎병 고쳐주려고 달 없는 밤에 재 넘어 있던 인민군들 공동묘지를 파헤쳐서 관절뼈를 모아다 고았느니라" 하며, 당신의 살아온 날들을 조곤조곤 들려주시곤 했는데, 결국 할아버지로서는 전혀 들어본 적 없는 '검은 화요일'이 그의 인생 전반을 쥐고 흔든 셈이다.

이렇게 세상 어느 곳에서 벌어진 일이 지구 반대편에 사는 사람들 삶을 역사, 정치적으로 결정하는 일은 매우 흔하다. 이 땅에서 벌어지는 일들만으로도 우리 삶은 때때로 슬프고 버겁지만 바다 밖의 일이라도 지금의 국제질서와 직결된 사안에 대해서는 관심의 끈을 놓지 않는 것, 기왕이면 그 결말이 생명과 평화, 인권의 가치를 높이는 방향으로 나아가도록 바라고 노력해야 한다는 것이 나의 생각이다.

이런 생각에서 팔레스타인을 다녀오게 되었다. 아직도 2차 대전이 끝나지 않은 곳, 세계에서 가장 힘센 민족이 가장 약한 민족을 잔인하게 유린하는 곳, 백린탄이 사람들 뼛속까지 파고들어 태우는 곳, 아이들이 총탄에 맞아 죽는 곳, 최루가스가 일상적으로 부유하는 그곳에 말이다.

팔레스타인 문제가 어떻게 해결될지는 모르겠지만, 그것은 분명 우리 삶을 바꿔놓을 것이다. 할 수만 있다면, 팔레스타인인들의 권리가 회복되어 그들이 행복해지는 방향으로 해결되기를 빈다. 이를 위해 우리도 가능한 한 모든 노력을 기울였으면 좋겠다. 예를 들면 이런 노력이다. 2009년 10월 16일 유엔 인권이사회는 이스라엘의 가자 공격에 대한 전쟁범죄 책임을 묻는 '골드스톤 보고서' 인준안을 표결에 부쳤다. 그때 부끄럽게도

Palestine

우리 정부는 기권표를 던졌다. 초강대국들 틈에서 분단된 나라를 책임지는 정책결정자들에게 큰 희생과 위험을 감수하면서까지 평화와 보편적인 인권의 편에서는 모습을 기대하지 않는다. 그러나 당시 이 결의안에 찬성하는 일에는 아무런 손해가 없었다. 미국이나 이스라엘과 동맹과 우호 관계를 맺던 다른 나라들이 모두 찬성했기 때문에 이 표결로 인해 우리나라와의 관계만 손상될 일도 없었다. 어떤 구체적인 제재가 아니라 '비판만' 하는 것이라서 분담해야 할 비용도 없었다. 그저 진실과 상식의 편에서 단 한 번의 표현만 하면 되었으나, 우리 정부는 그 조차도 외면했다.

나는 길지 않은 시간 내에 우리의 공동체가 최소한 이 정도의 자존심과 도리는 지키는 곳이 되도록 만들어야 한다고 생각한다. 이 책을 통해 그런 마음이 조금씩 모이길 바란다.

팔레스타인을 여행하는 동안 좋은 친구이자 안내자가 되어준 팔레스타인 친구 나딤, 사마라, 니아즈, 칼리드에게 특별히 감사를 표한다. 함께 책을 내자고 제안드렸을 때 흔쾌히 동의해주신 홍미정 교수님과 출판사 '시대의창' 식구들, 관심과 성원을 보내준 지인들께도 감사드린다. 오는

10월, 나의 신부가 될 가영 씨에게 사랑하는 마음을 전하며, 여행과 집필에 아낌없는 도움을 주신 부모님(서병국, 김정숙 님)께 가장 큰 감사의 인사를 올린다.

2011년 9월 서정환

Palestine

차례

4부 · 누가 팔레스타인을 미워하는가

1부

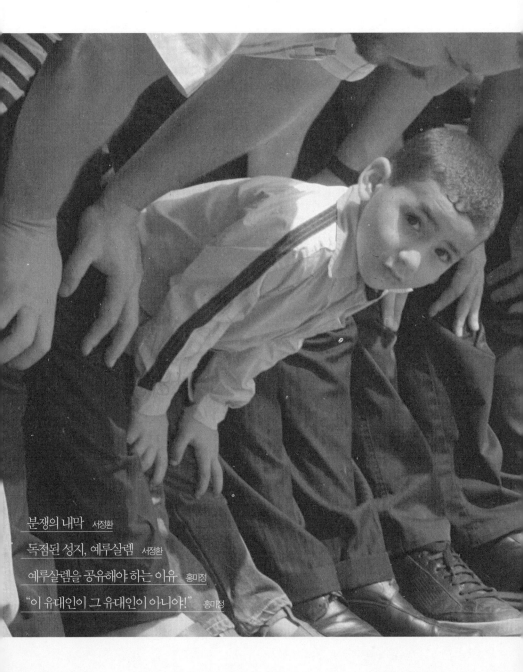

빨간 거짓말

분쟁의 내막

| 서정환 |

중·고등교육과정에서 과학적으로 분석된 국사를 몇 년이나 교육을 받고 난 후에도 우리 기억에서 고대국가들의 건국 과정이란 결국 신화로 남는 다. 하늘님 환인의 아들 환웅이, 사람이 된 곰 웅녀와 결혼하여 낳은 단 군이 고조선을 세우고, 알에서 태어난 박혁거세와 고주몽이 신라와 고구 려의 시조라는 식이다. 국사 교과서는 이와 같은 신화에 관해 '지배자들 이 권력을 정당화하기 위해 꾸며낸 얘기'라고 분석해준다. 그러나 전쟁과 권력 찬탈의 음모로 점철되었을 것이 분명한 그 고대국가의 건국 과정을 낭만적인 신화로 기억해도 되는 것은, 그 역사가 지금 우리 현실에 미칠 영향이 거의 없기 때문일 것이다.

　반면 남북 간에 문제가 생길 때마다 우리는 '대륙과 해양 사이에 끼여 있어 강대국들에 휘둘린 역사'라는, 지정학에 바탕을 둔 상당히 과학적인 역사 인식을 드러낸다. 그 때문에 '솔방울로 폭탄을 만드시고, 나뭇잎을 타고 강을 건너시며…' 라는 신화에 속지 않는다. 이처럼 우리는 우리 자신의 생명과 행복에 직접적인 영향을 미치는 현대사만큼은 과학적인 사실에 근거해 인식한다.

그런데, (남의 일이라서 그런지) 우리는 팔레스타인 문제를 바라볼 때만큼은 신화를 더 믿으려는 경향이 있다. 대표적인 것이 '팔레스타인(가나안)은 하나님이 이스라엘 민족에게 약속하신 땅' 이라는 얘기다. 눈부신 경제성장과 세계화 과정에서 조용히 유입된 이 서구적이고 종교 편향적인 세계관 때문에 우리는 곧잘 팔레스타인 분쟁을 수천 년간 이어진 자연스럽고 숙명적인 것으로 여긴다. 이로 인해 이스라엘이 건국 과정에서 팔레스타인 사람들을 잔혹하게 대량학살한 사실이 은폐되고, 팔레스타인 저항조직이 쏜 박격포 한 발과 이스라엘 전투기가 투하한 폭탄이 똑같은 값으로 매겨진다.

팔레스타인 분쟁은 이스라엘과 팔레스타인 간의 문제가 아니라 국제적인 사안이다. 그러므로 이 문제는 세계 각국이 머리를 맞대고 풀어야 한다. 그러자면 먼저, 이스라엘과 팔레스타인 분쟁을 바라보는 시각에서 신화적 요소를 걷어내야 한다. 고작 100년만 거슬러 올라가도 분쟁의 원인은 분명하게 보인다.

'이스라엘 민족'은 신화다

지금의 팔레스타인을 보면 도저히 믿을 수 없겠지만, 19세기 중반까지만 해도 팔레스타인 사람들과 유대인들은 평화롭게 함께 살았다. 1878년

Palestine

팔레스타인 전체 주민 44만 850명 중 이슬람교도는 88퍼센트, 기독교인 9퍼센트, 유대인이 3퍼센트였다. 그런데 19세기 말부터 영국의 영향력이 팔레스타인 지역으로 확대되면서, 유대인들이 팔레스타인으로 밀물처럼 밀려들어 왔다. 영국의 팔레스타인 위임통치기간인 1920~1947년 사이에만 무려 39만 3,887명이 들어왔고, 이로 인해 팔레스타인에서 대대로 살아온 유대인들보다 이민 온 유대인들 수가 두 배를 넘게 된다. 그 결과 1946년 무렵에는 팔레스타인 전체 184만 5,560명 중 이슬람교도가 58퍼센트, 기독교인이 약 10퍼센트, 유대인이 32퍼센트로 인구 구성 비율이 크게 달라진다.

팔레스타인에 유대인들이 몰려든 이유는 1917년에 영국 외무장관 아서 제임스 밸푸어가 유대인 사회에서 영향력이 컸던 한 재력가에게 쓴 편지 때문이다. '밸푸어선언'으로 알려진 이 편지의 요지는 '영국 정부는 팔레스타인에 유대인 국가를 건설하기 위해 최선을 다하겠다'는 것이었다. 물론 나라 없는 유대인들에게 보내는 무조건적인 선의는 아니었다. 유대인들은 이 대가로 1차 대전에서 영국에 적극적으로 협력해야 했다. 2차 대전 때 독일이 저지른 '홀로코스트'는 이러한 정치적 배경에서 벌어진 사건이었다. 1차 대전의 패배를 되풀이하지 않기 위해 영국에 협력한 유대인들을 학살했던 것이다.

사람이 바뀐 다음에는 땅이 문제였다. 유대인들은 봇물처럼 불어났지만 대부분 토지는 여전히 토착민들이 합법적으로 점유하고 있었다. 1945년 경 팔레스타인 전 영토(2만 6,323제곱킬로미터) 중 87.5퍼센트는 토착 팔레스타인 사람들이 소유하고 있었고, 유대인은 고작 6.6퍼센트를 소유하고 있었다. 나머지 5.9퍼센트는 공유지였다. 그런데 1947년 유엔^{UN} 총회는 현실적인 인구 구성과 토지 소유 관계를 완전히 무시한 채, 팔레스타인 영토의 56.47퍼센트를 유대국가에, 42.88퍼센트는 아랍국가에 분할하고, 0.65퍼센트인 예루살렘은 '특별국제관리구역'으로 결정한 '결의안 181호'를 채택했다. 2차 대전의 승전국들은 자신들에게 협력한 유대인들에게 이렇게 보답했다.

토착 팔레스타인 이슬람교도들은 당연히 이 분할안을 거부했지만, 유대인들은 즉시 받아들여 1948년 5월 14일, 이스라엘 건국을 선포했다. 팔레스타인―유대인 분쟁의 비극이 시작된 것이다.

잊힌 학살, '나크바'

1월 27일은 2005년 유엔이 정한 '국제 홀로코스트 희생자 기념일'이다. 유대인들은 물론이고 세계 거의 모든 사람이 홀로코스트를 다시 있어서는 안 될 인류 문명의 치욕으로 기억한다. 그러나 유대인들이 팔레스타인 땅을 강탈하기 위해 팔레스타인 토착 이슬람교도들에게 저지른 '나크바^{Nakba}'는 제대로 알려져 있지 않다.

1948년 5월 22일 밤, 현재 이스라엘 북부에 있는 탄투라^{Tantura}라는 마을에 올리브색 군복을 입은 불청객들이 들이닥쳤다. 이스라엘 육군 알렉산드로니 여단 소속 군인들이었다. 이들은 힘 좀 쓰는 13세에서 30세 사이의 남자 200여 명을 해안으로 몰아놓고 모조리 총살했다. 이스라엘이 건국을 선포한 지 열흘도 되지 않아 벌어진 사건이었다.

'디르야신^{Deir Yassin} 학살'이 결코 우발적이거나 예외적인 경우가 아니었

Palestine

던 것이다. 디르야신 학살은 1948년 4월 9일 메나헴 베긴(1978년 캠프데이비드협정 당시 이스라엘 총리)이 이끄는 무장단체인 이르군^{Irgun}과 이츠하크 샤미르(1991년 마드리드회의 당시 이스라엘 총리)가 이끄는 스턴갱^{Stern Gang}이 서예루살렘에 인접한 팔레스타인인 마을 디르야신을 공격해 245명을 학살한 사건이다. 이와 비슷한 일이 1948년 4월에 서예루살렘 안팎의 마을에서 집중적으로 일어났다. 4월 11일에는 서예루살렘 인근 마을인 콜로니아^{Kolonia}에서 팔레스타인 주민들이 추방되고 가옥이 폭파되었다. 4월 13일 이후에는 비두^{Bidu}, 베이트 수릭^{Beit Surik}, 사리스^{Saris} 등 서예루살렘 인근 마을과, 수바^{Suba} · 카타몬^{Katamon} 같은 서예루살렘 안의 마을, 베이트 이크사^{Beit Iksa} · 수아파트^{Shuafat} 같은 예루살렘 북쪽 마을이, 하가나(Hagana, 시온주의자들이 만든 준군사 조직)의 공격을 받아 파괴되었다. 4월 30일에는 서예루살렘에 있는 모든 팔레스타인인 지역이 하가나에 점령되었고, 팔레스타인 사람들은 추방당했다.

이스라엘은 이와 같은 '인종 청소'와 1948년 1차 중동전쟁[■] 과정에서 팔레스타인 전체 마을의 50퍼센트가 넘는 약 531개 마을과 도시들을 완전히 파괴했다. 그리고 마침내 팔레스타인 영토의 78퍼센트를 점령하게 된다.

팔레스타인 사람들은 겨우 남은 가자, 서안지구나 주변 아랍국가로 피

■ 1948년 5월 14일 이스라엘이 건국을 선포하자 5월 16일 이집트를 비롯한 주변 아랍국들이 팔레스타인에 침입하면서 시작된 전쟁. 처음엔 아랍 측이 우세했지만, 이스라엘 공세로 아랍 측은 거듭 패했다. 유엔의 중재로 1949년 2월 휴전. 이후로도 양측의 상황이 악화되어 2차(1956년), 3차(1967년) 중동전쟁이 일어났다.

난을 가야 했다. 이때 생겨난 것이 '팔레스타인 난민'이다. 1947년부터 1949년까지 75만~90만 명에 이르는 팔레스타인 사람들이 난민이 되었다. 물론 난민 숫자는 이스라엘, 유엔, 팔레스타인이 서로 다르다. 1950년 유엔 팔레스타인 난민구호사업기구^{UNRWA}에 등록된 난민은 91만 4,211명으로 토박이 팔레스타인 사람들의 90퍼센트에 해당된다. 이런 비극적인 상황을 팔레스타인 사람들은 '나크바' 즉, '재앙'이라고 말한다. 그리고 이 재앙은 이스라엘이 '군사시설을 짓는다' '분리장벽을 세운다'는 등의 명목으로 지금까지 계속되고 있다.

팔레스타인 사람들은 지금도 이리저리 쫓기고 있다. 1990~1991년 이라크가 쿠웨이트를 침공했을 때는 팔레스타인해방기구^{PLO}가 이라크와 동맹을 맺었다는 이유로, 쿠웨이트와 걸프 지역 아랍왕국들이 팔레스타인인 40만 명 이상을 대거 추방했고, 1994년 리비아도 오슬로협정[■]에 대한 불만의 표시로 당시 리비아에 거주하던 팔레스타인인 약 3만 5,000명을 추방했다. 2006년 여름, 이스라엘이 레바논을 공격했을 때 팔레스타인 난민촌도 폭격을 맞아 애꿎은 팔레스타인인 1만 6,000여 명이 레바논 내의 다른 지역과 레바논 이웃 국가들로 다시 쫓겨났다.

미국이 이라크를 공격했을 때(2003~2007년)는 이라크에 거주하던 난민의 50퍼센트 이상인 약 3만 4,000명이 또다시 추방당했다. 마치 '디아스포라'처럼 팔레스타인 사람들도 이곳저곳에서 쫓겨나는 신세가 되어 유랑하고 있는 것이다. 그 사이 이스라엘은 '귀환법[■]'을 만들어 세계 각

<hr>

■ 1993년 9월 13일 이스라엘의 라빈 총리와 PLO의 아라파트 의장이 합의한 협정. 이스라엘은 PLO를 합법적인 팔레스타인 정부로 인정하고, PLO도 이스라엘의 존재 근거를 인정했다.

Palestine

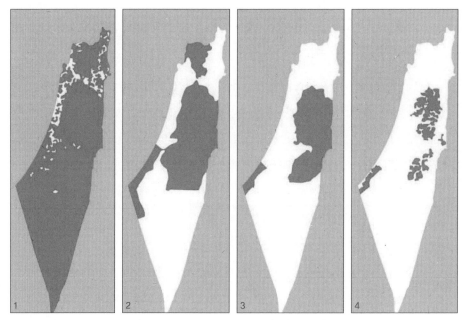

팔레스타인 영토 변천사. 검정색이 팔레스타인, 흰색이 이스라엘 영토. 1946년까지(1), 유엔 안에 따른 1947년(2), 1967년 전쟁 후(3), 이스라엘 안에 따른 2007년 모습(4).

지에 흩어져 있던 유대인들을 팔레스타인 땅으로 꾸준히 유인했다.

이스라엘은 국토·국민·주권 즉, 국가의 3대 요소 중 국토와 국민을 이상과 같은 폭력적이고 위법한 행위로 갖추었다. 이제 남은 것은 주권, 즉 이스라엘이란 국가를 국제적으로 승인받는 것이다. 1967년 6월 이스라엘은 전격적으로 3차 중동전쟁을 일으켰고, 동예루살렘을 포함한 서안지구와 가자지구마저 모두 점령한다. 팔레스타인 전역을 차지하게 된 것이다. 이집트, 요르단, 시리아 등 아랍연합국들은 이스라엘군의 전면적인

■ 1950년에 이스라엘 정부가 모든 유대인에게 이스라엘 이민권과 시민권을 획득할 권리를 부여한 법.

공세를 당해내지 못했다. 결국 전쟁 발발 5개월 만인 11월에 유엔 안보리 결의안 242호가 채택되었다. '이스라엘은 3차 전쟁 이전의 영토로 물러나고, 그 대신 아랍국들은 이스라엘을 한 국가로 인정한다' 는 것이 핵심 내용이었다. 이를 바탕으로 1979년에는 이집트—이스라엘 평화협정, 1994년에는 요르단—이스라엘 평화협정이 체결되었다. 그리고 1990년부터 현재까지 이스라엘과 팔레스타인 자치정부 간에 평화협상이 계속되고 있다.

이런 협정, 협상들은 사실상 불법적인 이스라엘 군사 점령지인 동예루살렘·서안·가자지구에서 이스라엘의 주권을 승인한 셈이다. 이때부터 지금까지 팔레스타인 사람들의 고통은 승자의 그늘에 묻혀 있다. 이것이 바로 '신화' 가 아닌 '이스라엘 건국' 에 관한 객관적인 사실이다.

독점된 성지, 예루살렘

| 서정환 |

클린턴 집권기 백악관이 배경인 인기 미국 드라마 〈더 웨스트 윙 The West Wing〉 시리즈를 보면 2000년 캠프데이비드협정▪ 과정을 보여주는 장면이 나온다. 물론 협상 과정은 실제와는 판이하게 다르다. 그런데도 이 드라마가 결코 각색할 수 없었던 한 가지가 있는데, 바로 '예루살렘'이 이스라엘─팔레스타인 분쟁의 핵심이라는 사실이었다. 드라마에서 이스라엘, 팔레스타인 양측 대표는 예루살렘 문제에 관해 합의하지 못해 미국 대통령의 애를 태운다. 이는 현실에서도 마찬가지다. 팔레스타인 땅의 역사, 종교, 정치적 의미가 하나로 응축돼 있는 예루살렘은 이스라엘과 팔레스타

▪ 1978년 9월 5일부터 17일까지 진행된 이스라엘과 이집트 간의 평화 교섭 회담. 지미 카터 대통령이 회담을 주선했다. 모임이 미국 대통령 별장인 캠프데이비드에서 이루어져 캠프데이비드협정이라 한다. 이후 이스라엘과 이집트는 1979년 3월 26일 평화협정을 맺었고, 이 일로 이집트는 아랍연맹에서 제명당한다. 그 대신 이집트는 미국의 경제, 군사적 지원을 받게 된다.

인이 모두 자신들의 수도로 주장하면서 가장 첨예한 쟁점으로 남아 있다.

분쟁의 지점, 예루살렘

국제사회에서 예루살렘을 어떻게 할지 결정한 것은 1947년이다. 당시 유엔은 팔레스타인 땅을 유대국가와 아랍국가로 분할하면서 이슬람교, 유대교 성지가 모여 있는 예루살렘만은 '특별국제관리구역 Special International Regime' 이라고 표현하며 국제사회가 공동 관리하기로 결정했다. 2009년 10월, 반기문 유엔 사무총장도 "이(중동) 지역에 평화가 도래했을 때, 예루살렘은 이스라엘과 팔레스타인 모두의 수도가 되어야 한다"고 밝힌 바 있다.

그러나 팔레스타인에 관한 다른 모든 국제적 결의나 선언, 협정과 마찬가지로 예루살렘의 지위 역시 이스라엘의 물리적이고 실질적인 지배로 유명무실해졌다. 이스라엘 초대 총리인 벤구리온은 1948년 말 예루살렘을 이스라엘 수도로 선포했고, 1967년 이전에는 이스라엘이 예루살렘에서 서예루살렘 일부만 장악하고 나머지 지역은 요르단이 관할했는데 67년 3차 중동전쟁 이후에는 예루살렘을 모두 장악하게 된다. 이제 이슬람, 기독교, 유대교 세 종교 공통의 심장부인 구시가지 Old City를 중심으로 한 동예루살렘 일부에 팔레스타인인 약 27만 명이 모여 살고 있을 뿐이다.

예루살렘을 둘러싼 이스라엘과 팔레스타인 간의 갈등은 내가 예루살렘을 방문한 2009년 또 한번 최고조에 이르렀다. 이슬람의 라마단 Ramadan ■ 기간과 수코트 Sukkot ■■라 불리는 유대교의 명절이 맞물린 시기였기 때문이다.

Palestine

처음 본 예루살렘은 그저 아름다웠다. 특히 예루살렘 구시가지는 분쟁의 한가운데에 있다고는 상상할 수 없을 만큼 고고했다. 개 · 보수만 했을 뿐 전면적인 재개발을 겪지 않은 구시가지 건물과 도로는 천 년이 넘은 것들이다. 네모반듯한 바닥돌 대신 넓적한 바위로 만든 골목길도 있었는데, "예수님이 실제로 밟고 다니셨던 길"이라는 한 관광객 가이드의 설명을 들을 수 있었다.

오랜 세월 건축물이 보존될 수 있었던 것은 아무래도 돌로 지어져서인 듯하다. 구시가지 밖에서 새로 짓는 건물들은 시멘트벽돌로 짓고 겉만 대리석으로 장식하는 게 일반적이다. 그런데 구시가지 건축물들은 여전히 현지에서 생산된 석회암을 깎아 만든 벽돌로 짓는다. '예루살렘 스톤'으로 불리는 이 석재는 약간 누런데, 세월이 흐를수록 더 은은하고 고색창연한 빛을 낸다. 놀라운 점은 이런 오래된 건축물들이 역사 유물로 전시되는 게 아니라 여전히 사람들의 생활공간으로 쓰인다는 점이다. 부석사 무량수전에서 밥을 지어 먹고 잔다고 상상해보시라. 팔레스타인 사람들은 유적 내부에서 장사도 하고 심지어 양과 닭도 잡는다.

그러나 예루살렘은 역시 '성도^{聖都}'였다. 가톨릭, 개신교, 그리스정교회 등 각종 기독교 분파의 오래된 교회와, 황금돔사원과 알아크사^{al-Aqsa} 사원

■ 이슬람력으로 아홉 번째 달로, 단식을 하면서 몸과 마음을 정결하게 하는 달이다. 금식은 신에 순종하는 행위이며, 인내와 자제력을 배우고 소외된 이들을 돌아보게 하는 데도 목적이 있다. 라마단 기간에는 식사, 흡연, 음주, 성행위 등을 금하며 폭력, 화, 시기, 탐욕, 중상 등도 삼간다. 이슬람교도가 아닌 외국인이라도 금식하는 사람들 앞에서 먹거나 마시는 것은 예의에 어긋난다. 필자가 팔레스타인을 방문한 2009년 라마단 기간은 8월 20일부터 9월 21일까지였다.
■■ 〈구약성서〉 시대에 이집트를 탈출한 유대인들이 40년긴 광야에서 생활한 것을 기념하는 절기로, 유일절과 칠칠절과 함께 이스라엘의 3대 명절 중 하나이다. 기간은 유대력으로 7월 15일부터 21알까지 7일 동안이다. 2009년에는 10월 2일부터 10일까지였다.

• 사람들로 북적이는 예루살렘 구시가지 시장 골목.

⋮ 예루살렘 구시가지 풍경. 유대인은 이스라엘 국기를, 팔레스타인인은 이슬람을 상징하는 녹색 기를 내걸어 놓았다.

이슬람교도들의 성지인 하람알샤리프에 있는 황금돔사원.

'통곡의 벽'으로 기도하러 가는 유대인. 그 옆으로 알아크사 사원 출입을 금지당한 팔레스타인인들이 길바닥에서 예배를 올리는 모습이 보인다.

이 있는 하람알샤리프(Haram al—Sharif, 고귀한 성소란 뜻으로 유대인들은 '성전산Temple mount'이라고 한다)가 있고, 하람알샤리프 서쪽 벽에는 유대인들의 성소인 '통곡의 벽'이 있다. 그 좁은 '동네'에 이 모든 것이 모여 있었다.

종교를 갖고 있지는 않지만, 신성함이 묻어나는 여러 아름다운 예술작품으로 치장된 '성묘교회'나 하나하나 보석 같은 작은 타일로 장식된 황금돔사원을 보면서 '영적 감동'이 어떤 것인지 느낄 수는 있었다. 취재가 아닌 관광차 예루살렘을 방문했다면 각 종교의 성지를 찾아보느라 그 좁은 거리에서 몇날 며칠을 보냈을지도 모른다. 천여 년 동안 세 종교가 각자 '하나님' '알라' '야훼', 즉 이름만 다를 뿐 모두 같은 신을 기쁘게 하려고 성지에 온갖 정성을 쏟았으니 볼거리가 많은 건 어찌 보면 당연하다.

구시가지를 오가는 사람들 옷차림에서도 다양한 종교를 엿볼 수 있었다. 가톨릭 신부, 수도승 복장을 한 사제·수녀를 비롯해 검은 양복을 입고 키파를 쓴 유대인 남성과 검은색 긴 치마를 입고 얇은 수건으로 머리를 감싸 묶은 유대인 여성, 갈라베야를 걸친 이슬람교도 남성과 히잡을 두른 여성 등이 서로 스치며 같은 길을 걷고 있었다. 자신의 종교가 절대적이라고 믿는 근본주의자들, 종교적 갈등이 전쟁과 폭력을 불러온다고 믿는 사람들이 이런 광경을 목도한다면 적잖이 충격을 받겠지만 말이다. 세계 각지에서 몰려온 관광객들로도 북적이는 그곳에서 유일하게 이질적인 것은 군복이었다.

구시가지로 통하는 모든 출입문과 구시가지 안 길목 곳곳에는 소총과 실탄, 방탄복으로 무장한 이스라엘 군인들이 버티고 서 있었다. 올리브색 군복을 입은 그들은 의심 서린 눈빛으로 거리를 지나는 팔레스타인인들, 특히 젊은 남성들을 주시했다. 방탄복을 껴입고 권총과 곤봉을 찬 이스라엘 경찰들도 군인들 곁에 서, 딱히 수상쩍지도 않은 젊은이들을 불러 세워 검문했다.

구시가지로 들어가려는 팔레스타인 청년을 이스라엘 경찰이 검문하고 있다.

독점된 성지

．
．

　예루살렘에 머물던 10월 둘째 주, 유대인과 팔레스타인 사이에서는 팽팽한 긴장감이 감돌았다. 하람알샤리프 때문이었다. 하람알샤리프는 산보다는 낮은 언덕에 가까웠다. 유대인들에게는 아브라함이 아들 이삭을 하나님에게 제물로 바치려 했던 의미 깊은 장소고, 이슬람교도들에게는 이슬람교 창시자 무함마드가 승천한 신성한 장소로 알아크사 사원이 있는 곳이기도 하다. 그러다 보니 이곳에 오르면 서로 충돌을 피하기 어렵다.

수코트 기간 즈음에 한 무리의 유대교 성직자들이 성전산에 오르면서 일이 벌어졌다. 성직자들을 본 이슬람교도들이 돌멩이를 던지면서 못 오르게 막으려 하자, 성직자들을 호위하던 경찰들이 최루탄을 쏘아대며 알아크사 사원까지 밀고 들어온 것이다. 그 과정에서 팔레스타인 사람 여럿이 부상을 입고 체포됐다. 이슬람교도들 입장에서는 명백한 성지 침탈이었다.

물론 이 산은 이슬람교도와 유대인 모두에게 소중한 곳이다. 그러므로 한쪽이 이곳을 배타적으로 차지하기 위해 서로 다툴 필요는 없을 것이다. 종교가 없는 나 같은 사람이나 기독교인 관광객들에게도 일요일에 한해서는 하람알샤리프 방문이 허용됐다. 그런데 문제는 유대인들의 행위가 종교적인 것이 아니라 정치적 도발일 경우가 많다는 것이다. 사실 유대교에서는 성전산을 신성하기 여겨 이 산에 오르는 것을 금지하고 있다. '통곡의 벽'과 성전산으로 통하는 구시가지의 남쪽 출입문 덩 게이트 앞에는 "이 산은 신성하므로 토라(유대교의 경전)에 따라 유대인들의 등반을 엄금한다"는 유대교 최고 랍비의 경고문이 새겨져 있을 정도다. 그러므로 유대교 성직자들이 성전산에 오르는 것은 자신들의 교리도 위반하는 행위였다.

이런 유대인들의 행동이 팔레스타인 사람들을 자극하는 건 두말할 나위가 없다. 60년 넘게 억눌린 분노가 터져 나오는 기폭제가 되기에 충분한 사건이다. 2000년 9월 아리엘 샤론 당시 리쿠르당 당수가 이 하람알샤리프에 오르면서 2차 인티파다(민중봉기)가 일어난 것만으로도 알 수 있는 일이다.

내가 예루살렘을 방문했을 때도 팔레스타인 사람들과 이스라엘 군경 간에 직간접적인 충돌이 간헐적으로 일어났다. 이스라엘 군인들은 성벽으로 둘러싸인 구시가지의 각 출입문에서부터 팔레스타인인들의 출입을 통제하고 있었다. 젊은이들은 어김없이 불러 세웠다. 구시가지 밖에 거주하는 16~50세 팔레스타인 남성들의 경우 수코트 기간에는 출입이 완전히 금지된다. 이 때문에 구시가지 안에 일터와 학교를 둔 사람들은 그 기간 동안 일도 공부도 할 수 없다. 구시가지 안에 있는 유일한 고등학교에서는 학생 400여 명 중 절반이 결석하고, 교사 28명 중 50세를 넘긴 8명만이 출근할 수 있었다.

이런 상황이다 보니 분위기가 사나울 수밖에 없다. 구시가지 안에서 이스라엘 군인들이 지나가면 청년들은 그들의 뒤통수를 노려보며 아랍어로 욕설을 뇌까린다. 개중에는 군인들에게 돌과 화염병을 던지고 달아나는, '치고 빠지기식' 게릴라 시위를 벌이는 이들도 있다.

수코트 기간의 금요일에는 긴장이 극에 달한다. 금요일은 유대교, 이슬람교 공통의 주일이라서 꼭 명절 기간이 아니더라도 두 종교의 교인들이 성지(유대교의 경우 '통곡의 벽')를 찾아 기도를 올리기 때문이다. 그런데 수코트의 마지막 금요일인 2009년 10월 9일 이슬람교도들은 여느 때처럼 평화롭게 기도를 올릴 수 없었다. 하람알샤리프는 물론이고 구시가지 안쪽으로 아예 들어갈 수 없었기 때문이다. 이스라엘군이 유대인들을 보호한다는 구실로 출입을 금지했던 것이다.

흔히 이슬람의 3대 성지로 메카와 메디나, 예루살렘을 꼽는다. 그러나 여행이 자유롭지 못한 팔레스타인 사람들에게 사우디아라비아에 있는 메카와 메디나는 가까운 곳에 있는 중동국가가 아닌, 다른 대륙의 나라와 다를 바 없다. 현실이 이렇다 보니, '성지 순례'를 일생의 의무이자 소망으로 간직한 팔레스타인 이슬람교도들에게 예루살렘의 의미는 남다를 수밖에 없다. '영적인 집'이나 진배없다. 그런데 이스라엘 정부가 이런 자신들의 신앙을 부정하는 조치를 취하니 분노하지 않을 수 없는 것이다.

최선의 저항

금요일 오전 나는 구시가지 동편 라이언 게이트에서 '무언가'를 기다리고 있었다. 12시가 되자 알아크사 사원에서 기도 시간을 알리는 아잔이 울려 퍼졌다. 라이언 게이트에서는 황금돔사원의 돔 끝부분만 보일락 말락 했다.

아잔이 울리자 이스라엘 군인들이 설치한 바리케이드 너머에 모여 있던 팔레스타인 사람들이 사원 쪽으로 몸을 돌렸다. 그리고 도로를 막은 채 돗자리를 펴기 시작했다. 이슬람교도 150여 명은 소총을 든 이스라엘 군인들에 둘러싸인 채 기도를 올렸다. 한 군인이 입마개를 씌운 덩치 큰 셰퍼드를 끌고 위압적인 자세로 그 주위를 어슬렁거렸다. 개를 가장 천한 동물로 여겨 애완용으로도 거의 기르지 않는 아랍인들로서는 매우 모욕적인 일이었다.

기도를 올리는 사람들 뒤편에서는 버스 한 대가 멈춰 서 있었다. 버스에 타고 있던 유대교 랍비 얼굴에 불만스러운 기색이 역력했다.

구시가지의 또 다른 출입구인 다마스커스 게이트 앞에서도 팔레스타인인 수천 명이 기도를 올리고 있었다. 그들에게 이날의 예배는 종교의식일 뿐만 아니라 이스라엘에 대한 분노를 표현한 매우 온건한 '저항'이기도

- 알아크사 사원 출입을 금지당한 팔레스타인인들이 도로를 점거한 채 예배를 올리고 있다. 소총으로 무장한 이스라엘 군인들이 이들을 감시하고 있다.
⁞ 어른들 틈에서 길에서 예배를 올리고 있는 팔레스타인 어린이.

했다. 예배는 아랍어 인사말 '앗살라무 알라이쿰(당신에게 평화를)'을 여러 번 말하던 이맘의 설교와 수차례의 절 등을 거쳐 매우 간단히 끝났다. 이스라엘군은 더는 제재할 건수가 없었다. 예배가 끝난 후 신자들은 손가락으로 하늘을 가리키며 "알라는 위대하다!" "점령을 중단하라!" "성지를 지키자!"는 구호를 외쳤을 뿐이다.

나는 현지 기자들에게 '오늘은 이걸로 끝이냐?'고 물었는데, 그들도 더 무엇을 알고 있지는 않았다. 어디에서 무슨 일이 터질지 모르는 상황이어서 현지 언론사와 유력 통신사들의 예루살렘 지부에서는 기자들을 총동원해 구시가지의 요지마다 배치해놓았다. 나는 바로 구시가지에서 2, 3킬로미터 떨어진 칼란디야Qalandiya로 향했다. 칼란디야 검문소는 서안지구와 예루살렘을 잇는 길목에 있다.

팔레스타인 이슬람교도들은 자신들의 영적 고향인 예루살렘을 열망한다. 1948년과 1967년의 유엔 결의안에 따르면 예루살렘에 관해서만큼은 팔레스타인인들에게도 권리가 있다. 그런데 이스라엘이 자국의 안보를 구실로 팔레스타인인들의 예루살렘 출입을 엄격히 통제하고 있는 것이다. 까다로운 심사를 거쳐 취업, 학업 허가증을 받은 경우가 아닌 한 서안지구에 거주하는 팔레스타인인이 예루살렘에 갈 수 있는 방법은 없다. 이때문에 칼란디야 검문소에서는 이스라엘과 팔레스타인 간에 갈등이 깊어질 때마다 그 갈등이 가장 구체적이고 격렬하게 표출된다.

팔레스타인에 머무는 동안 나는 라마단 기간의 금요일에 하람알샤리프를 순례하려고 몰린 이슬람교도 수만 명으로 인해 아수라장이 된 검문소를 본 적이 있고, 검문소의 이스라엘 군인이 흉기로 찔린, 개인적 차원의 테러가 두 건이나 발생한 일에 대해서도 전해 들었다.

구호? 씨알도 안 먹히거든!

⋮

어느 날 칼란디야 검문소에 이르렀을 때였다. 팔레스타인 청년들이 도로를 막은 채 타이어를 태워 검은 연기를 피워 올리고 있었다. 팔레스타인에서 심심찮게 벌어지는 정치집회와 달리 종교적 분노를 표출하는 칼란디야 검문소 앞에서 벌어지는 시위에서는 돌과 유리병, 최루탄이 난무했다. 물론 예루살렘 문제는 정치적이다. 그런데 이상하게도 이스라엘의 성지 침탈과 관련해서는 집권당인 하마스는 물론, PFLP(팔레스타인해방인민전선, 좌익 계열의 소수정당) 등 어느 정당도 적극적이고 뚜렷한 요구를 내세우는 정치집회를 지도하지 않았다. 구심점 없는 이 집회에서도 아무도 이를테면 "성지 침탈을 사과하라"거나 "예루살렘 출입을 보장하라"는 식의 구호를 외치지 않았다. 이스라엘 점령촌을 겨냥한 시위와는 사뭇 달랐다. 그런 시위에서는 요구가 분명하기 때문이다.

돌을 던지는 데 열중하는 한 청년에게 '왜 구호를 외치거나 요구하는 바를 밝히지 않고 돌만 던지느냐'고 묻자 "그런 것 따위는 이스라엘 놈들한테 씨알도 안 먹히거든!"이라는 냉소적인 대답만 돌아왔다.

청년들이 돌과 유리병 따위를 던지자 군인 20여 명이 시멘트로 만든 바리케이드 뒤에서 최루탄을 발사했다. 명령만 내려지면 격렬한 시위자를 향해 고무탄을 발포할 저격수도 배치되어 있었다. 무기가 없는 청년들과 수적으로 열세한 이스라엘 군인들은 서로 직접적인 충돌은 하지 않은 채 일정한 거리를 두고 밀고 당겼다. 시위는 어스름할 무렵 끝났다.

이스라엘 정부는 예루살렘에서 팔레스타인인을 몰아내려는 정책을 꾸준히 실시하고 있다. 팔레스타인 사람들이 예루살렘 안쪽으로 이주하는

칼란디야 검문소에서 팔레스타인 청년이 이스라엘군을 향해 돌을 던지고 있다.

것을 금지하고, 예루살렘에 거주하는 팔레스타인인들이 새로 집을 짓거나 기존 건물을 증축하는 것조차 허가해주지 않는다. 막대한 세금을 물리는 방식으로 가로막기도 한다. 극우 정권인 네타냐후 정부가 들어선 2009년 초부터는 아예 예루살렘에 있는 팔레스타인인들의 집을 몰수하여 철거하거나 유대인들에게 불하하기도 했다. 결국 '못 살겠으면 나가라'는 것이 이스라엘의 예루살렘 점령정책이다.

이스라엘—팔레스타인 분쟁에서 '예루살렘의 지위' 문제는 국경선 문제와 별도로 다루어진다. 예루살렘 분쟁은 '영토 분쟁' 그 이상이기 때문이다. 네타냐후 총리는 예루살렘을 '분리될 수 없는 이스라엘의 수도'로 선언했다. 그러나 예루살렘이 팔레스타인인들에게 영적인 고향이자, 문화적 자부심과 정치적 마지막 보루인 한, 이스라엘이 예루살렘을 '독점'하는 것은 '공존'보다 더 비싼 대가를 치러야 하는 선택임에는 틀림없다.

예루살렘을 공유해야 하는 이유

| 홍미정 |

예루살렘은 이슬람교·기독교·유대교 3대 종교의 성지로, 이 종교 신자들이 '성지 회복'이라는 명분 아래 갈등하고 반목하며 무력 투쟁까지 불사하는 곳이다. 그러나 그 신성한 명분은 정치적이며 비종교적인 목적을 위해 악용되었다. 실제로는 지정학적인 정치 패권이 본질인데도, 종교를 명분으로 내세움으로써 예루살렘 문제를 해결하려는 시도들을 더욱 복잡하고 어렵게 만들고 있다.

엇갈린 주장

이스라엘과 팔레스타인은 서로 자신들 처지에서 예루살렘을 바라본다. 이스라엘은 《성서》를 근거로 예루살렘 주권을 주장한다. 예루살렘에 다윗왕국과 솔로몬 사원이 존재했다는 《성서》의 기록을 유일한 근거로 내세우며, 자신들이 선택받은 유대인들의 후손임을 강조한다. 예루살렘은 기원전 1003년 다윗왕국의 수도였고, 그로부터 약 40년 후 다윗왕의 아들 솔로몬이 거대한 사원을 짓는 등 제국의 수도로 확장되었다. 그러나 전성기는 오래가지 못했다. 예루살렘은 기원전 586년에는 바빌론, 그로부터 50년 뒤에는 페르시아, 332년경에는 알렉산더대왕에 점령당하고, 기원전 37년부터 기원후 4년까지는 로마제국이 유대 통치자로 임명한 헤롯왕의 지배를 받는다. 66년 유대인들이 반란을 일으킨 후 로마의 통치는 더욱 가혹해지고, 70년에 로마는 예루살렘을 다시 정복해 헤롯이 개조한 사원들까지 파괴한다. 그리고 유대인들의 예루살렘 출입을 금지한다. 성전산의 건물과 사원들이 이때 완전히 파괴되었고, 겨우 '통곡의 벽'만 남았다.

이슬람교도들에게 예루살렘은 메카, 메디나와 더불어 3대 성지 중 하나다. 이슬람교도들은 7세기 이후부터 현재까지 이슬람교도들이 예루살렘을 통치해온 이유를 들어 주권을 주장한다. 638년 칼리프 우마르 1세는 기독교 국가인 비잔틴제국 치하의 예루살렘을 정복했고, 칼리프 압둘 말리크(685~705년)는 예루살렘에 황금돔사원을, 칼리프 왈리드 1세(705~715년 재위)는 알아크사 사원을 세웠다. 그러다가 1099년 십자군, 1187년 아이유브왕조, 1229년 다시 십자군, 1244년 또다시 이슬람교도 세력들이 예루살렘을 번갈아가며 탈환했다. 이처럼 예루살렘은 기독교와 이슬람 정치세력들 간의 각축장이 되었다. 그 후 1517년 오스만투르크제국의 술탄 셀림 1세가 예루살렘과 팔레스타인을 정복했다. 1831년부터 1840년까지 이집트 통치 기간을 제외하고 이 지역은 1917년 영국이 점령할 때까지 오스만투르크제국이 통치했다. 결과적으로 예루살렘은 천 년 이상 이슬람교도들이 지배했던 곳이다.

유대인들과 아랍인들이 바라보는 예루살렘 역사는 이렇게 무척이나 다르다. 문제는 엇갈리는 이런 역사적 해석들이 현실적인 분쟁을 부른다는 점이다.

'분리될 수 없는 이스라엘의 수도'?

1995년 5월 28일 이스라엘 내각은 예루살렘이 이스라엘 수도임을 공표했다.

- 내각은 독점적인 이스라엘 수도로서 통합된 예루살렘의 지위를 강화할
  것이고, 이 지위를 손상시키는 어떠한 시도와도 싸울 것이다.
- 유대인 수도로서 예루살렘 건설 3000년을 축하하고 유대인들의 성공을
  확고히 하기 위하여 예루살렘 시 당국과 완전히 협력할 것이다.

이 결의안에 따르면 이스라엘은 예루살렘 독점권의 근거를 3000년 전 유대 사원에서 찾고 있다. 즉 황금돔사원과 알아크사 사원이 있는 성전산의 일부를 이루는 '통곡의 벽'이, 현재의 구시가지가 유대교 성지였음을 분명히 증명한다고 주장한다. 이 벽이 예루살렘 구시가지가 기원전 10세기 솔로몬 사원 터였다는 사실을 말해준다는 것이다. 이런 믿음은 1967년 전쟁의 승리를 신성화하는 과정에서 더 확산되었다.

그러나 1968년부터 드러난 고고학적 연구, 발굴 결과는 이스라엘 주장

과 다르다. '통곡의 벽' 가장 밑에 있는 돌들의 연대만 봐도 고작 로마제 국 치하 헤롯왕 시대의 것이라는 사실이 밝혀졌다. 연대를 아무리 빨리 잡아도 로마시대 이후로 봐야 한다는 것이다. 이런 이유로 팔레스타인 사 람들은 예루살렘에 유대인 사원들이 존재했는지조차 의심하고 있다. 2000년 7월 캠프데이비드협정에서 팔레스타인 수석 협상자인 사에브 에 라카트 ^{Saeb Erakat} 가 이스라엘 대표에게 "당신은 당신들 사원이 그곳에 있었 다는 것을 어떻게 알고 있습니까?" 라고 물은 것에서도 알 수 있다.

팔레스타인 사람들은 '통곡의 벽' 을 그냥 '서쪽 벽 ^{Western Wall}' 이라고 한 다. 하람알샤리프 서쪽에 있는 벽이라는 뜻이다. 2001년 2월 20일, 예루 살렘 최고 종교 지도자(무프티)인 아크라마 사브리는 서쪽 벽에 대해 다 음과 같은 '종교적인 판단(파트와)' 을 내렸다.

> '서쪽 벽' 의 문제는 팔레스타인에서 유대인을 위한 '민족의 고향 건설' 에 관한 밸푸어선언에 이어, 1차 대전 이후 20세기 초에 발생하였다. … 그러나 국제법에 따르면, 이 벽은 이슬람의 성지다. 왜냐하면, '서쪽 벽' 은 알아크 사 사원 벽의 일부이기 때문이다. … 그러므로 이 벽은 이슬람에 속한 것이 고 유대인들과는 아무런 관계가 없다.

파트와에서 주목할 점은 영국이 팔레스타인을 침략하면서 서쪽 벽 문제 가 발생했고, 이것이 이스라엘 건국을 위한 전주곡이었으며, 이후 이스라 엘이 건국을 합리화하기 위해 서쪽 벽을 비롯한 '이슬람의 종교적 상징 물' 을 왜곡하고 있다는 주장이다. 따라서 서쪽 벽 문제는 20세기 제국주 의 시대에 시작된 것이지 이전 시대와는 관련이 없다는 사실이다. 또 아크라마 사브리는 파트와에서 모세를 '우리의 사도 모세'라고 표현했는데, 이는 유대인들이 구약 신화를 독점하는 것에 반대하면서 이슬람교도들 역시 모세의 후예임을 주장하는 것이다. 이것은 저명한 종교학자 윌프레드 캔트웰 스미스^{Wilfred Cantwell Smith}의 "유대교, 기독교, 이슬람교가 동일한 주제의 변형들이라는 것은 건전한 이슬람 교리"라는 주장과 일치하기도 한다. 즉, 이 파트와는 구약을 근거로 한 이스라엘의 예루살렘 독점권에 대한 아랍인들의 전면적인 반박이다.

그렇다면 현실 정치에서 예루살렘은 어떻게 다루어지고 있을까. 1949년 12월 벤구리온 총리는 의회에서 다음과 같이 주장했다.

> 예루살렘은 본질적으로 분리될 수 없는 이스라엘 국가의 일부 …… 즉, 심장이다 …… 유대인의 예루살렘은 외국의 통치를 결코 수용하지 않을 것이다 …… 유대인들은 예루살렘을 위해서 희생을 치를 수 있다. 영국인들이 런던을 위해서, 러시아인들이 모스크바를 위해서, 미국인들이 워싱턴을 위해서 희생할 수 있는 것처럼.

1949년 12월 13일 이스라엘 의회는 예루살렘이 이스라엘의 수도라고 공식적으로 선언하기 위해 투표를 실시했다. 그 결과 찬성 60, 반대 2표로 가결되었다. 16일 벤구리온 총리 사무실이, 26일 의회가 서예루살렘으로 옮겨졌다. 그로부터 60여 년이 지난 2011년, 네타냐후 현 이스라엘 총리도 벤구리온 총리의 연설 내용을 그대로 이어받아 예루살렘을 '분리될 수 없는 이스라엘의 수도'라고 주장하고 있다.

이런 이스라엘의 주장은 예루살렘을 종교 차원이 아닌 현실 정치의 장

저녁 기도를 올리는 팔레스타인 사람들.

으로 끌어들인다. 시몬 페레스 이스라엘 대통령은 1994년(당시 외무부장관)에 이렇게 얘기했다.

> 예루살렘은 정치적으로 닫혀 있으나, 종교적으로는 열려 있다. …… 예루살렘은 정치적으로 통합되었고, 이스라엘의 수도다. 하나의 도시에 두 개의 수도가 있을 수 없다. 예루살렘은 이스라엘의 주권 아래에 있다.

이것은 종교 주권은 공유할 수 있지만, 정치 주권은 완전히 이스라엘이 장악하고 있어야 한다는 의미다. 1996년 5월 29일 이스라엘 총리 선거가 실시되었고, 이 선거에서 총리에 당선된 리쿠드당의 네타냐후는 6월 2일 예루살렘의 최종적인 지위와 그 영역에 대해 다음과 같이 분명히 선언했다.

> 우리는 통합된 예루살렘을 이스라엘의 주권 아래에서 유지할 것이다. 예루살렘은 결코 분리될 수 없는 이스라엘의 수도이다. 정부는 예루살렘 통합의 토대를 침식하는 어떤 시도도, 이스라엘의 독점적인 주권에 반대하는 어떤 행위도 막을 것이다. 정부는 건축을 활성화하고 시의 서비스를 강화하며 메트로폴리탄 예루살렘 지역의 사회경제적 상황을 증진시킬 것이다.

이는 점령촌을 건설해 현재 통합된 예루살렘 영역을 넘어서는, 지리적으로 확장된 메트로폴리탄 예루살렘 건설을 선언한 것이며, 이스라엘 지역을 현실적으로 확고하게 장악하겠다는 의지를 분명히 드러낸 것이다. 2009년부터 다시 총리가 된 네타냐후는 점령촌 확대를 통해 예루살렘과 서안지구를 강제로 합병하는 정책을 거침없이 시행하고 있다.

이스라엘의 점령정책

    ⋮

그렇다면 그동안 이스라엘은 예루살렘을 점령하기 위해 어떤 정책을 펴 왔을까. 크게 3차 중동전쟁이 발발한 1967년 이전과 이후로 나누어볼 수 있다. 1967년 이전에는 이스라엘이 예루살렘에서 서예루살렘 일부만 장악하고 나머지 부분은 요르단이 관할했으나, 이후에는 동·서예루살렘 전역을 이스라엘이 점령하게 된다.

1967년 이전 : 팔레스타인으로 이주해온 시오니스트들

1920년부터 1947년까지 영국의 위임통치기간 동안, 예루살렘은 팔레스타인 마을 66곳과 함께 통합된 생활권을 이루고 있었다. 그런데 이 기간에 주로 시오니스트들의 후원을 받은 유대인들이 예루살렘 구시가지와 북서쪽 마을에 집중적으로 이주해오기 시작했다. 50쪽 표를 보면 얼마나 많았는지 알 수 있다.

1918년 예루살렘을 포함한 팔레스타인 전체 인구는 68만 9,000명이었다. 이 중 이슬람교도가 56만 3,000명, 기독교인이 7만 명, 유대인은 5만 6,000명으로 전체 인구의 약 8퍼센트에 불과했다. 그런데 유럽의 유대인이 본격적으로 이주하기 시작한 1931년에 이르면 총인구 103만 3,314명 중 유대인이 17만 4,606명으로 전체의 17퍼센트를 차지한다. 1939년에는 150만 1,698명 중 44만 5,457명으로 30퍼센트를 차지할 정도로 크게 증가한다. 하지만 전국적 차원에서 보면 여전히 소수였던 유대인 비율이 예루살렘에서만큼은 달랐다. 표를 보면 알 수 있듯이 유대인이 이미 1800년대 중반부터 인구의 과반수를 차지한 것이다. 특히 1922년과 1946년

예루살렘 인구 현황 ■

연도	팔레스타인인(이슬람교도+기독교도)	유대교도	합계
1800	6,750 (4,000+2,750)	2,000	8,750
1835	7,750 (4,500+3,250)	3,000	10,750
1840	8,000 (4,650+3,350)	3,000	11,000
1860	10,000 (6,000+4,000)	8,000	18,000
1880	14,000 (8,000+6,000)	17,000	31,000
1900	20,000 (10,000+10,000)	35,000	55,000
1910	25,000 (12,000+13,000)	45,000	70,000
1922	28,200 (13,500+14,700)	34,400	62,600
1946	65,010	99,320	164,330

사이의 증가폭을 보면 유대인이 유독 예루살렘에 집중적으로 몰려왔음을
알 수 있다. 그 바람에 1948년 이스라엘 건국 즈음에는 임계점을 넘는다.

예루살렘(전체 면적 59.5제곱킬로미터)은 1차 중동전쟁 이후에 동서로 분
열된다. 1949년 4월 3일 이스라엘과 요르단이 정전협정을 맺으면서, 서
예루살렘(50.5제곱킬로미터)은 이스라엘이, 동예루살렘(구시가지 1제곱킬로
미터를 포함해 6.5제곱킬로미터)은 요르단이 통치한다. 이 협정은 요르단이
서예루살렘을 이스라엘 통치 영역으로 공식적으로 인정한 것으로, 이러한
이스라엘과 요르단의 거래는 예루살렘을 국제사회에서 관리한다는 유엔
결의안 181호를 전면 거부한 것이었다.

■ Scholch, Alexander, "Jerusalem in the 19th Century", *Jerusalem in History*, K. J. Asali ed(1999),
p.231.

그러나 이스라엘은 서예루살렘에서 더욱 자유롭게 자신들의 계획을 추진할 수 있었다. 점령 직전 서예루살렘에 있던 것들 중 팔레스타인 사람들 소유물은 40퍼센트, 이슬람·기독교·정부가 공동 소유한 재산은 33.9퍼센트, 유대인 재산은 26.1퍼센트였다. 서예루살렘 주변 마을에 있던 재산도 팔레스타인 사람들 것이 84퍼센트, 공공재산이 14퍼센트이었고, 유대인 재산이라야 고작 2.0퍼센트였다.[■] 이스라엘 건국과 중동전쟁 과정에서, 팔레스타인 사람들 64,000~80,000명은 서예루살렘과 인접한 마을 40여 곳에서 강제로 쫓겨났고, 이들의 엄청난 재산은 거의 모두 1950년 3월 14일 이스라엘 정부가 공표한 '부재자 재산법'에 따라 이스라엘 정부에 귀속되었다.

1967년 이후 : 본격적인 점령기

이스라엘 정부는 예루살렘에 대한 독점적인 지배권을 확보, 유지하기 위해 되돌릴 수 없는 현실을 만드는 데 정책의 초점을 두고 있다. 1967년 3차 중동전쟁에서 이스라엘은 가자지구와 동예루살렘, 서안지구를 점령했고, 전쟁 직후인 6월 27일 동서 예루살렘 경계를 재조정하면서 예루살렘을 통합했다.

이스라엘 정부는 이러한 정책으로 더 많은 유대인을 확보할 수 있었다. 팔레스타인인 밀집 지역인 알람[al−Ramm], 아부디스[Abu Dis], 알 에이자리야[Al−Eizariya], 칼란디야 난민촌 등은 통합에서 제외되었다.[■■]

■ British Government, " 1945-1946; Hadawi, Sami. Palestinian Rights and Losses in 1948, London", *A Survey of Palestine*, (1988).
■■ PASSIA, *PASSIA Diary 2004*, (Jerusalem, 2003), p.305.

Palestine

통합 과정에서 이스라엘군의 폭력은 무자비했다. 1967년 6월 11일, 이스라엘은 예루살렘 구시가지를 둘러싸고 있는 외벽의 일부인 서쪽 벽 근처 무그라비 Mughrabi 지구에 사는 팔레스타인 사람들에게 3시간 이내에 집을 비울 것을 명령했다. 통곡의 벽에 찾아올 유대인 순례자들을 위해 광장을 만들기 위해서였다. 결국 이 때문에 그 지구에 있던 주택 135채 이상이 파괴되고, 팔레스타인 6,000명 이상이 추방되었다.■

이런 행태는 1907년에 제정된 헤이그협정과■■ 1949년에 제정된 제4차 제네바협정■■■을 전면적으로 위반한 것이다. 그러나 이스라엘은 아랑곳하지 않고 예루살렘의 토지 소유권을 변경하려는 정책을 잠시도 쉬지 않고 강력히 실행했다.

이스라엘은 2003년까지 확장한 동예루살렘 토지 중 34퍼센트는 공공 용도를 위해서 몰수했고, 9퍼센트는 점령촌 확장을 위해 썼으며, 44퍼센트는 녹색 지대로 두어 쓰지 못하게 했다. 결국 단 13퍼센트만이 팔레스타인인들에게 남겨졌다.■■■■ 이스라엘 정부는 몰수한 재산에 대해서

■ PASSIA, *100 years of Palestinian History*, (Jerusalem, 2001), p.121.

■■ 28항 : 점령된 도시와 마을의 약탈 금지. 43항 : 점령 세력은 현지에서 실행 중인 법을 존중해야 하고, 공공질서와 시민 생활을 가능한 한 회복시키고 보증하기 위해서 모든 조치를 취해야 한다.

■■■ 23항 : 피보호주민들은, 모든 환경에서 신체, 명예, 가족의 권리, 종교적 확신과 실행, 예절과 풍습을 존중받을 권리를 부여받았다. 그들은 항상 인도적으로 다루어져야 하고, 모든 폭력적인 조치들과 취급, 모욕에 대항하여 보호되어야 한다. 47항 : 점령지의 피보호주민들은 점령 결과로서 생긴 변화에 의해 또는 피점령 당국과 점령 세력 간의 어떤 협정에 의해서도, 점령지 일부나 전체 합병에 의해서도, 어떤 경우에도 어떤 방법으로도 제4차 제네바협정에서 받는 권리들 중의 어떤 것도 빼앗겨서는 안 된다. 49항 : 점령 세력은 자신의 시민들 중 일부라도 점령지로 이동시켜서는 안 된다. 146항 : 각각의 긴밀한 당사자들은 중대한 위반을 했거나 위반하도록 명령한 사람을 찾는 데 책임이 있고, 그들의 국적과 관계없이 그 자체의 법정에 세워야 한다. 147항 : 중대한 위반들은 광범한 재산 파괴와 재산의 전유를 포함한다. 이는 군사적인 필요성에 의해서 정당화되는 것이 아니고 비합법적이며 자의적으로 실행되는 것이다.

■■■■ PASSIA, *PASSIA Diary 2004*, (Jerusalem, 2003), p.312.

500~3,000달러에 이르는 보상금을 제시했으나, 팔레스타인 소유주들은 오늘날까지도 보상을 거부하고 있다.

또한 이스라엘은 1967년 예루살렘 점령 직후부터 팔레스타인 주민들을 그들의 영토에서 떼어놓으려고 했다. 1967년 점령 직후 이스라엘이 실시한 인구 조사에 따르면, 새로 조정된 동예루살렘에 거주하는 팔레스타인인들은 6만 6,000명 정도였다. 이 중 4만 4,000명은 1967년 이전 동예루살렘에, 2만 2,000명은 새로 병합된 지역에 거주하는 사람들이다. 이들은 이스라엘 내에서 거주를 규정한 "이스라엘 입국법(1952년)"과 "이스라엘 입국 규정(1974년)"에 따라 '예루살렘의 영구적인 거주민들'로 분류되었다. 그러나 이 법은 발효 당시 예루살렘 밖에서 여행 중이거나 해외에서 유학 중인 팔레스타인인들에게는 거주권을 인정하지 않았다.[■] 결국, 예루살렘 팔레스타인인들은 이스라엘 시민이 아니라, 영구적인 거주민 즉, 예루살렘에 영구적으로 거주하는 '외국인'으로 전락하고 말았다.

1993년 이후 거주 규정[■■]은 한층 더 강화되었다. 사실상 예루살렘에서 발만 떼어도 터전을 잃게 된다.

1. 외국 여행을 원하는 사람들은 이스라엘 재입국 비자를 획득해야 한다.
2. 다른 곳의 거주권이나 시민권을 가지고 있거나 신청하는 사람들은 예루살렘에서 그들의 거주권을 상실한다.
3. 7년 이상 해외에서 거주하는 사람들은 그들의 거주권을 상실한다.

■ 위의 책, p.306.
■■ 위의 책, pp.306~309.

4. 그들의 자녀를 예루살렘 거주민으로 등록하기를 원하는 사람들은 오직 그 아버지가 유효한 예루살렘 신분증을 갖고 있을 때에만 그렇게 할 수 있다.

5. 서안지구나 외국 출신의 비거주 배우자와 결혼하는 예루살렘 사람들은 예루살렘에서 그들의 배우자와 함께 합법적으로 거주하려면 가족 재결합을 신청해야 한다.

이러한 이스라엘의 '조용한 거주민 감축 정책'으로 인해 1967년부터 2001년 4월까지 동예루살렘 팔레스타인인들의 신분증 6,444개(어린이 제외)가 취소되었다. 그뿐 아니라 2002년 5월 이스라엘 정부는 팔레스타인이 아닌 예루살렘인이 제출한 모든 가족 결합 신청을 처리하지 않기로 결정했다. 2003년 7월 31일 이스라엘 의회는 이스라엘 시민과 결혼한 팔레스타인인들이 이스라엘 시민권이나 영구적인 거주권을 획득하는 것을 막는 법안도 통과시켰다.[■]

PLO 집행위원회 위원이자 예루살렘 문제 책임자인 파이잘 후세이니 Faisal Husseini는 당시 상황을 이렇게 표현했다. "예루살렘인이었던 나는 갑자기 나의 조국과 도시에서 외국인이 되어버렸다." 이제 예루살렘 팔레스타인인들은 예루살렘에서 제도적으로 제거되어, 정당한 주권을 가진 시민으로서 존재할 수 없게 되었다.[■■] 팔레스타인 사람들이 법적 권리를 주장할 수 있는 근거를 말살시켜버린 것이다.

■ 위의 책, pp.306~309.
■■ 그러나 이러한 이스라엘의 제도적인 팔레스타인인 감축 정책은 실패한 것으로 보인다. 1993년 예루살렘 전체 주민의 27퍼센트인 18만 명을 차지하던 팔레스타인인이 2000년에는 23만 3,000명으로 늘고, 2002년 7월에는 24만 명으로 늘었으며, 2003년에는 25만 2,948명으로 늘어났기 때문이다. 이들 중 94퍼센트가 이슬람교도이고, 기독교인은 6퍼센트이다.

이스라엘은 여기서 한걸음 더 나아갔다. 이스라엘 의회는 1980년 7월 30일 '예루살렘 기본법'에서 1967년 사실상의 합병을 다시 한번 확인하는 한편, '예루살렘이 이스라엘의 수도'라고 다음과 같이 법률로 공포한 것이다.

> 1항 : 완전하고 통합된 예루살렘은 이스라엘의 수도다.
> 2항 : 예루살렘은 대통령, 의회, 행정부, 대법원이 있는 곳이다.

예루살렘 기본법은 1967년 이후 동예루살렘 지역에서 이스라엘이 취한 모든 조치의 최종 종착지였다.

유엔을 거스른 불법 점령

이렇게 이스라엘은 폭력적이고 불법적인 방법으로 팔레스타인 땅을 점령해갔다. 국제사회는 이런 이스라엘을 계속 비판하고 있다. 먼저, 이스라엘의 예루살렘 점령이 왜 불법인지부터 보자.

1947년 4월, 유엔은 팔레스타인 상황을 조사하고 해법을 제안하기 위해 팔레스타인특별위원회인 운스콥^{UNSCOP}을 조직했고, 운스콥의 의견을 반영해 채택한 것이 결의안 181호였다. 그중 예루살렘을 '특별국제관리구역'으로 분류한 부분을 보면 이렇다.

> 예루살렘은 특별 국제 통치 아래에 분리된 실체(Corpus Separatum=Separate

body)로서 설립되어야 하고 유엔이 관리해야 한다. 신탁통치위원회가 유엔을 대신해서 예루살렘의 통치권을 실행한다. …… 현재 계획 승인 5개월 이내에, 신탁통치위원회는 예루살렘의 구체적인 법령을 만들어 승인해야 한다. …… 신탁통치위원회는 예루살렘의 통치자를 지명해야 한다. 통치자는 국적과 관계없이 특별한 자격을 토대로 선발되어야 한다. 그러나 통치자는 팔레스타인에 있는 어떤 국가(아랍국가나 유대국가)의 시민도 아니어야 한다. …… 예루살렘은 비무장화되어야 한다. …… 모든 거주민은 그들이 시민이었던 국가의 시민권(아랍국가나 유대국가의 시민권)을 선택하지 않는다면 사실상 예루살렘 도시의 시민들이어야 한다.

결의안 채택 당시에는 강력히 반발하던 팔레스타인인들도 1988년부터는 결의안을 수용하는 입장으로 돌아선다. 팔레스타인 문제를 해결할 수 있는 공정하고, 영구적이며, 광범위한 해결책으로서 받아들인다. 2011년 현재까지도 유엔에서는 이것을 대체하는 결의안을 내놓은 적이 없다. 이렇게 보면 1967년 이후 이스라엘의 예루살렘 점령은 명백한 불법이다.

디르야신 학살처럼 이스라엘의 결의안 181호 위반 행위가 극에 달하자 유엔은 303호 결의안으로 181호를 재확인하면서, 예루살렘 안팎의 성지를 보호하려고 예루살렘을 영구적으로 국제사회가 관리해야 한다고 거듭 강조했다. 1967년 이후 이스라엘이 '돌이킬 수 없는 현실'로 예루살렘을 통합, 점령하려 했을 때 유엔은 1967년 7월 4일 결의안 2253호를 통과시켰다. 결의안은 이스라엘이 예루살렘의 상황을 변화시키려고 취한 모든 조치는 무효이며, 이미 취한 것들을 모두 철폐하라는 내용이었다. '예루살렘 기본법' 공포 당시에도 유엔은 결의안 476호를 통해 이 법 철폐를

국제법상으로도 이스라엘의 예루살렘 점령은 명백한 불법 행위다. 사진은 사람들로 북적이는 예루살렘 구시가지 시장 골목.

요구했고, 이해 8월 20일에 결의안 478호를 채택해 다음과 같이 다시 한 번 철폐를 촉구했다.

> 성지 예루살렘의 특성과 지위를 변경시켜온 혹은 변경을 의미하는 이스라엘이 취한 모든 입법적 행정적 조치들과 특히 최근의 "예루살렘 기본법"은 쓸데없는 것이고 무효며, 즉시 철폐되어야 한다.

그러나 유엔을 좌지우지하는 건 팔레스타인 땅에서 이스라엘의 존속을 지지하고 뒷받침해주는 미국을 비롯한 서방세계다. 이들은 비판만 할 뿐, 실제 제재 조치를 취한 적은 없다. 이런 배경을 등에 업고 이스라엘은 지금도 거침없이 불법 행위들을 저지르고 있다.

두 개의 수도, 두 개의 주권

이스라엘은 지금도 예루살렘을 독점하기 위해 종교와 인종에 토대를 두고 자신들과 타인을 가르는 정책을 펴고 있다. 사실 주권과 민족 문제는 근대 서구 시민사회의 정치 담론에서 나온 것으로, 정치적인 것이지 종교적인 것은 아니다. 그런데 예루살렘 논쟁에서는 근대가 극복해야 할 대상이었던 전근대적인 종교·인종을 다시 끄집어내었고, 이것이 종교에서 해방된 자유로운 개인의 주권 같은 근대적인 요소를 압도했다는 것이다. 이 때문에 문제의 실상이 더욱 복잡해지고 현실이 왜곡된다.

PLO 내 예루살렘 대표이자 팔레스타인 외교의 중심이었던 오리엔트 하우스^{Orient House} ■의 주인이기도 했던 파이잘 후세이니는 팔레스타인 토착 유대인들이 아니라, 정치적인 목적을 띤 이주민 집단이 예루살렘의 독점적인 주권을 주장했으며, 영국이 그 단초를 제공했음을 다음과 같이 밝히고 있다.

> 팔레스타인 전역에서, 특히 예루살렘에서 분쟁이 벌어진 것을 더 깊이 이해하려면 첫째, 팔레스타인인 둘째, 이스라엘인 셋째, 이슬람교도 넷째, 기독교인 다섯째, 유대인이라는 다섯 가지 관점에서 설명되어야 한다. …… 우리는 종교 이민자에 반대하지 않았다. 왜냐하면, 역사적으로 유대인들은 팔레스타인에 살았고 잘 대우를 받았기 때문이다. 그러나 시오니스트들의 후원을 받는 이민자들은 종교적인 의사일정에 의해서가 아니라 정치적 의사일정에 의해서 이주하고 있었다. 그들의 목적은 밸푸어 약속을 실행하는 것이었다. 밸푸어 약속은 팔레스타인이 민족 없는 땅이며, 그러므로 팔레스타인을 땅 없는 민족에게 주어야 한다는 것이었다. 그러나 이 선언은 중대한 실수였다. 팔레스타인 민족은 내내 존재하고 있었기 때문이다.

후세이니의 이러한 주장은 팔레스타인에 정치적 실체로서 팔레스타인인과 이스라엘인이 존재하고, 종교적 실체로서 이슬람교도·기독교인·유

■ 동예루살렘 시 중심부에 있는 팔레스타인 자치정부의 중앙정부청사 역할을 하던 건물. 팔레스타인 독립운동의 산실이다. 팔레스타인에서 명문가였던 후세이니 가계가 1897년 건설했으며, 1994년 12월 이스라엘 법에 따라 이곳에서 정치 활동을 하는 것이 금지되었다. 이스라엘은 정기적으로 완전히 또는 부분적으로 오리엔트 하우스를 폐쇄했다. 2001년 8월 10일에는 이스라엘 군대가 이 건물을 점령해 컴퓨터, 파일 등 자료를 몰수했다.

Palestine

대인이 존재한다는 것이다. 즉 유대인이 곧 이스라엘인은 아니고, 이스라엘인이 곧 유대인도 아니라는 지적이다. 또 팔레스타인 사람에는 이슬람교도, 기독교도는 물론이고 역사적으로 팔레스타인 땅에서 살아온 유대인이 포함될 수 있다는 의미다. 이처럼 후세이니는 정치적인 시오니스트들과 종교적인 유대인들을 구분하고 있다. 그에 따르면, 이 지역에서 분쟁을 일으킨 주범은 이스라엘 건국이라는 정치적인 목적을 띠고 아랍 이외의 지역에서 이주해온 시오니스트들이지 종교적인 토착 유대인들이 아니다. 후세이니는 이러한 매우 날카로운 지적으로 정치와 종교를 분리함으로써 이 둘이 뒤섞여 복잡해진 논쟁을 해결할 실마리를 제공한다.

후세이니의 이런 논리를 이어 팔레스타인 국제문제연구소PASSIA 마흐디 압둘 하디Mahdi Abdul Hadi 소장은 팔레스타인인들이 추구하는 예루살렘 분쟁 해결의 기본 방향을 이렇게 제시했다.

> 예루살렘에 대한 이스라엘 국가의 독점적인 주권은 합리적이지 않고, 실제적이지도 못하며 대다수 정부들에 의해서 거부되고 있다. 그것은 팔레스타인인들에게 받아들여질 수 없고, 팔레스타인－이스라엘 분쟁을 해결하는 데 도움이 되지 않는다. 팔레스타인인들은 예루살렘에 대한 독점적인 주권을 주장하지도 추구하지도 않는다. …… 예루살렘이 영원히 분할될 수 없는 이스라엘의 수도라는 주장은 상대방들의 권리를 경멸하는 것일 뿐만 아니라 팔레스타인－이스라엘 분쟁 시작 이래 안보리 결의와 국제협정들과 지역협정들을 위반하는 것이다.

마흐디 압둘 하디는 예루살렘 주권은 팔레스타인인과 이스라엘인이 모두 주장할 수 있으며, 이스라엘이 독점하려는 것이 분쟁 원인이라고 분석한다. 이런 상황을 해결하려면 두 개의 수도, 두 개의 주권, 두 개의 시 당국이 존재해야 하며, 두 시 당국이 예루살렘을 공유하는 쪽으로 가닥을 잡아가야 한다고 주장한다.

"이 유대인이 그 유대인이 아니야!"

| 홍미정 |

2009년 현재 이스라엘은 서안 여러 지역에서 팔레스타인인들을 납치·살해하는가 하면, 점령촌 확장을 위해 베들레헴에 거주하는 팔레스타인인들 소유의 땅 170만 제곱미터를 몰수할 계획도 세웠다. 이러한 만행은 시온주의에 뿌리를 두고 있다.

시온주의는 현대 이스라엘 사람들이 《성서》에 나오는 고대 이스라엘인들의 독점적인 후손(셈족)이라는 전제에서 출발한다. 이러한 맥락에서 시온주의자들은 자신들이 셈족이며, 팔레스타인 땅에 대해 신이 부여한 천부적이며 역사적인 권리가 자신들에게 있다고 주장한다. 이 과정에서 아랍 기독교인들과 이슬람교도들 즉, 토착 팔레스타인인들은 오랜 시간 숨쉬며 살아왔던 공간과 시간에 대한 권리를 박탈당했다.

시온주의자들의 주장은 다음과 같은 일련의 사건들로 인해서 국제적으로 승인되었다. '팔레스타인 땅에 유대인의 민족적 고향 건설을 허락한 밸푸어선언(1917년)' '팔레스타인에 대한 영국의 위임통치를 결정하면서 영국이 밸푸어선언을 실행할 것을 요구한 산레모협정(1920년)' '팔레스타인 땅을 유대국가와 아랍국가 영역으로 분할할 때 유대국가에 유리하게 할당한 유엔 결의안 181호(1947년)' '팔레스타인 땅에 유대국가인 이스라엘 건국(1948년)' 등이 그것들이다.

이스라엘이 1950년에 제정한 '귀환법'은 약 2천 년간 추방되었다고 주장하는 세계 유대인들에게 조상의 땅으로 귀환할 권리를 부여했다. 귀환법은 이후 여러 차례 수정되면서 다른 국가의 시민으로 살고 있는 유대인들이 팔레스타인 땅으로 이주해 이스라엘 국적을 취득하도록 유도하고 있다. 결국 토착 팔레스타인인들을 철저히 배제함으로써 명백한 인종차별 행위를 합법화했다.

그러나 시온주의는 그야말로 신화에 불과하다. 즉 역사적으로 볼 때, 현대 유대인 대다수는 바빌론 시대나 로마제국 시대에 예루살렘에서 추방당했다고 전해지는 유대인들과는 혈통적으로 관련이 없다.

정치적 계산에서 탄생한 시온주의

⋮

그렇다면 이 기원을 알 수 없는 '시온주의'는 도대체 어떻게 형성된 것일까? 일반적으로 시온주의운동은 유대인들이 강대국들에 로비를 벌여 협력을 얻어낸 것으로 알려져 있다. 시온주의에 관한 현재까지 연구들을 종합해 분석해보면, 이런 주장과 달리 영국 정치인들이 시온주의운동을 창안하고 주도해왔음이 드러난다. 1853년 7월, 영국 정치가 섀프츠베리

Shaftesbury 경이 영국 외무장관이었던 조지 해밀턴 고든과 파머스톤 경에게 보내는 서신에서 '민족 없는 땅, 땅 없는 민족(a country without a nation, a nation without a country)' 이라는 표현을 처음 썼는데, 이는 곧 팔레스타인 땅에 대한 권리가 고대로부터 이어져온 합법적인 지배자인 유대인들에게 있다는 것이다. 새프츠베리는 일기에서 다음과 같이 더욱 구체적으로 그 이유를 설명했다. "광대하고 비옥한 땅에서 곧 통치자가 없어질 것이다. 이미 알려진 세력이 통치권을 주장하지 않을 것이다. 이 땅은 다른 사람들에게 할당되어야만 한다. 민족 없는 땅이 있고, 신은 지혜와 자비로 땅 없는 민족에게 관심을 갖도록 우리에게 명령하셨다." 이후 이 문장이 《연합장로잡지 United Presbyterian Magazine》 등 장로교회 잡지를 중심으로 퍼져나가면서, 지지자들이 늘어났다. 스코틀랜드 장로교도인 호라티우스 보나르 Horatius Bonar 는 1859년 《약속의 땅 The Land of Promise》에서 "민족 없는 땅이 있고, 땅 없는 민족이 있다" 면서 팔레스타인 땅에 유대인들의 귀환을 주장한다. 나아가 미국 기독교인인 윌리엄 블랙스톤 William Blackstone 이나 영국 케임브리지 대학의 성직자 조지 보스 George Bowes, 미국인 재력가 존 스토다드 John Stoddard 같은 이가 팔레스타인을 여행한 후 각자 출간한 책에서 직접적으로 팔레스타인을 유대인들이 정착할 '민족 없는 땅' 으로 지정한 것은 더욱 놀라운 일이다.

이와 같이 19세기 후반, 팔레스타인에 유대인 귀환과 관련하여 "민족 없는 땅, 땅 없는 민족" 이라는 문구가 영국과 미국의 각종 책과 언론에서 매우 빈번하게 쓰였으며, 이는 그만큼 대중적인 설득력을 얻었다는 사실을 반증한다.

물론 영국이 시온주의를 강화하고 팔레스타인에 이스라엘을 건국하고

자 한 것은 결코 거룩한 종교와 사상적인 동기가 있어서는 아니다. 오스만투르크제국을 무너뜨리고 중동에 진출하기 위한 물밑 작업이었을 가능성이 크다. 비록 '시온주의'라는 트로피를 거머쥔 선수는 영국이 아닌 미국이 되었지만 말이다.

1998년 빌 클린턴 미국 대통령은 "2000년 동안의 추방과 박해에도 살아남은 '아브라함과 사라의 후손들'이 드디어, 드디어 고향에 돌아왔다"며 이스라엘 건국 50주년 기념 축사를 남겼다. 2004년 조지 W. 부시 대통령은 "미국은 '유대국가'로서 이스라엘의 안보와 번영을 위해 강력하게 헌신한다"며 샤론 이스라엘 총리에게 편지를 보냈다. 미국 대통령들은 재임 기간에 이렇게 시온주의에 대한 확고한 지지 의사를 표명했으며, 이러한 행위는 현대 유대인들이 셈족, 즉《성서》에 나오는 고대 이스라엘인들의 후손이라는 신화를 전제로 한 것이다.

그 유대인과 이 유대인은 아무 관련 없다

그러나 역사적으로 볼 때 현대 이스라엘인들을 포함한 대다수 유대인은 바빌론 시대나 로마제국 시대에 예루살렘에서 추방당한 유대인들과 혈통적으로 관계가 없다. 현대 유대인들은 중세시대 유대교로 개종한 사람들, 즉 기원후 6세기에 아라비아 반도 남부 지역에서 유대교로 개종한 힘야르제국의 힘야르 Himyarite족과 8세기 중반 흑해와 카스피해 연안에서 유대교로 개종한 카자르제국의 카자르 Khazar족의 후손이 대부분이다. 특히 카자르 후손인 유대인들은 현재 세계 유대인들의 약 80퍼센트 이상을 구성하는 아슈케나짐 Ashkenazim ■의 주류를 이루고 있다.

고전적으로 디아스포라 대명사로 일컬어지는 '고향에서 추방당한 유대인들', 즉 현대 유대인의 선조들이 바빌론 유수■■나 로마제국 시대에 예루살렘에서 추방되었다는 주장은 역사적 사실과도 부합하지 않는다. 따라서 시오니스트들이 주장하는 '현대 유대인의 선조들이 예루살렘에서 추방당했다'는 '유대인 디아스포라'는 신화에 불과하다.

이슬람 역사가 이븐 할둔은 7세기 북아프리카 베르베르인과 8세기 카자르인들의 개종에 관해 연구했다. 또 헝가리 출신 유대인 아더 케스틀러 (Arthur Koestler, 1905~1983년)는 유대교로 개종한 이후 동유럽으로 흘러들어 온 카자르인들이 현대 유대인들과 혈통적으로 연관돼 있음을 밝힘으로써, 유대인들의 정체성 형성 과정을 역사적으로 입증했다. 특히 1976년에 런던과 뉴욕에서 동시에 출간된 《13개 지파 The Thirteenth Tribes》에서 현대 유대인들은 대부분 8세기 중반 카스피해와 흑해 연안에서 부흥했던 카자르제국에서 개종한 사람들의 후손들이지, 셈족 출신이 아니라고 주장한다. 북·동유럽 유대인과 그 후손들, 즉 아슈케나짐은 고대 이스라엘인들의 후손이 아니라 카자르족 후손이라는 논쟁적인 주제를 제기한 것이다. 코카서스 지방 즉, 역사적으로 카자르제국에 살던 주민들로 740년에 유대교로 개종한 이후 서쪽으로 이동해 현재 동유럽(러시아, 헝가리, 우크라이나, 폴란드, 벨라루스)으로 이동했다는 주장이다.

언어학자인 폴 웩슬러 Paul Wexler 는 언어학을 통해 이러한 케스틀러의 주장

■ 독일을 비롯한 동유럽과 미국에서 이주해온 유대인.
■■ 기원전 597~538년 이스라엘의 유다왕국 사람들이 신바빌로니아왕국에 포로로 끌려간 사건.

《성경》에 나오는 유대인들과 현대 유대인은 혈통적으로 아무 관련이 없다. 사진은 '통곡의 벽' 앞에서 기도하는 유대인들.

을 뒷받침해준다. 그는 "현대 이스라엘의 히브리어는 이디시어의 파생어이며, 《성서》 히브리어의 어휘 일부만 사용하고 있을 뿐이다. 이디시어는 독일어가 혼합되기는 했지만, 문장과 음운체계에서 슬라브어족에 속한다. 결국 현대 이스라엘의 히브리어는 슬라브어의 파생어인 셈이다"고 주장한다. 결국 이것은 이스라엘의 공식 언어인 히브리어가 아랍어와 계통이 같은, 즉 셈어족에 속하지 않는다는 뜻이다. 웩슬러는 더 나아가 "기원후 1세기에 로마가 점령하던 팔레스타인에서 유럽으로 건너간 대규모 이민자가 없었다"고도 주장한다.

유전학적 연구 결과도 현대 유대인들과 구약의 유대인들 간의 관계가 불분명함을 보여준다. 이스라엘 여성 저널리스트 트루브만[Traubman. T.]은 유대인들의 혈통이 아랍인들보다는 쿠르드, 투르크, 아르메니아인들과 더 가깝다고 증명한다. 생물학자인 베하르[Doron M. Behar]와 유전학자인 토마스[Mark G. Thomas]의 연구 결과에 따르면, 아슈케나짐의 50퍼센트 이상이 중앙아시아 혈통이다. 의학자인 시겔[J. Siegel]과 《뉴욕타임스》 과학 섹션 편집장인 웨이드[N. Wade]는 유대인들과 아랍인들이 혈통적으로 형제라는 사실을 입증했다. 이처럼 유대인들의 혈통에 대한 학문적 해석이 다양하고 연구 결과도 다양하다는 것은 그만큼 현대 유대인들의 혈통이 단순하지 않다는 의미다.

그러므로 이러한 연구 결과들은 유대인이 혈통적으로 유전되며 특별히 선택된 민족이라는 견해와 충돌한다. 결국 유대인들이 팔레스타인 땅에 대한 권리를 주장할 역사적 근거가 없다는 것이며, 아울러 시온주의의 신학, 역사적 토대도 없다는 의미다. 현재까지 진행된 언어학, 인구학, 민속학 등의 통계들은 유대민족이 수천년 동안 이어져왔다는 주장을 부정할 뿐만 아니라, 팔레스타인 땅이 현대 유대인들의 고향이라는 주장 역시 부정하고 있다.

그러나 20세기 초·중반 시오니스트들은 '땅 없는 민족에게 민족 없는 땅'이라는 슬로건을 내세우면서 수세기 동안 이어진 토착 아랍 문화와 토착 아랍인 100만 명의 권리를 완전히 무시하고, 1948년 5월 14일 팔레스타인 땅에 이스라엘을 건국했다.

2부

우는 심장의 풍경

빌린 마을의 투쟁

| 서정환 |

팔레스타인 수도인 라말라^{Ramallah}에서 북서쪽으로 10여 킬로미터 떨어진 곳에 빌린이라는 작은 마을이 있다. 이곳은 분명히 '그린라인[■]' 동쪽에 위치한 팔레스타인 자치 지역이다. 그런데 73쪽 지도를 보면 알 수 있듯 이 빌린 마을과 인근의 사파 마을의 절반은 이스라엘이 세운 분리장벽 안에 먹혀들어 간 형국이다.

빌린 마을의 실제 지도가 이렇게 바뀌어버린 것은 지난 2004년 무렵 이스라엘군이 빌린 마을 코앞에 지은 '점령촌'을 보호한다는 명분으로 철망을 친 뒤부터다. 팔레스타인 농민들은 주로 올리브 농사를 지어 먹고 사는데, 이 마을의 올리브나무 밭도 절반 이상이나 강제로 수용되었다. 대부분 농민인 빌린 마을 사람들은 한순간에 삶터를 잃어버렸다. 그뿐 아

■ 1967년 3차 중동전쟁 이후 굳어진 경계선.

- 빌린 마을은 그린라인의 동쪽, 팔레스타인 영역에 들어가 있다.
- 빌린 마을의 실제 지도. 마을 절반이 이스라엘 영역에 강제로 편입돼 있다.

그린라인
이스라엘 분리장벽
원래 팔레스타인 마을

니라 우물까지 분리장벽 안에 갇혀버려 장벽이 설치된 이후로는 이스라엘에 값비싼 요금을 내고 수돗물을 써야 한다.

이런 이스라엘의 점령과 장벽 설치는 명백한 불법 행위이다. 지난 2004년 7월 국제사법재판소는 "팔레스타인 지역에서 이스라엘의 장벽 건설은 국제법과 국제인권법을 위반한 것으로 이스라엘은 이를 중단하고 완공된 것은 철거해야 하며 물질적 피해도 보상하라"고 판결한 바 있다. 그러나 이스라엘군의 총과 불도저 앞에서 팔레스타인 자치정부마저 무능했고, 억울하게 빼앗긴 주민들의 땅을 되찾아줄 그 어떤 능력 있는 기구도 없었다. 결국 빌린 마을 사람들은 2005년 2월부터 '장벽에 저항하는 주민위원회'를 조직해 매주 금요일 정오가 되면 장벽 앞에서 평화적인 시위를 벌이고 있다. 이 이야기가 서방국가에도 알려지면서 빌린 마을은 반反점령, 반反이스라엘 운동의 상징으로 떠올랐다.

Palestine

소총에 최루탄을 장착한 이스라엘 군인(왼쪽)과 이런 이스라엘군을 향해 돌을 던지는 빌린 마을 청년(오른쪽).

이스라엘 법정을 움직인 '금요집회'

　내가 빌린 마을을 찾아간 2010년 8월 21일 정오에도 어김없이 '금요집회'가 열리고 있었다. 팔레스타인에 있는 각종 정치단체 사람들과 주민들을 지지하려고 세계 각국에서 자기 돈을 털어 찾아온 외국인들도 집회에 참여했다. 마을에 하나뿐인 모스크에서 기도 시간이 끝나자 모두 분리장벽까지 행진했다. 시위대 200여 명은 올리브나무 밭 사이로 난 길을 따라 걸으며 "점령을 중단하라!" "팔레스타인에 자유를!" "장벽을 철거하라!" 등의 구호를 외쳤다. 장벽에는 철문이 설치돼 있었고 그 앞으로 철

조망이 쳐져 있었다. 그 너머로 이스라엘군 10여 명이 보였다. 이스라엘 군 3~4명이 탄 험비 차량이 장벽 안쪽을 따라 잘 닦인 비포장도로를 달리면서 시위대들이 장벽의 다른 곳으로 접근하는지를 감시했다.

장벽에 이르자 청년들은 '무클레아'라는 물매에 돌을 감아 이스라엘군을 향해 던지기 시작했다. 《성서》에서 다윗이 골리앗에게 사용했던 그 무기다. 일부 시위대는 그들 앞을 가로막은 철조망을 걷어내려 애썼다. 사기는 하늘을 찌를 듯 높았다. 그런데 한순간 "뻥! 뻥!" 하는 소리와 함께 기세등등하던 시위대가 비명을 지르며 뒤쪽으로 내달렸다. 최루탄이었다.

최루탄 냄새는 혼을 다 빼놓을 정도로 맵고 고통스러웠다. 어디로든 달

Palestine

려가려면 눈을 떠야 하는데 눈을 뜨면 최루가스가 사정없이 눈을 찔러댔다. 이런 광경이 이 작은 마을에서는 일상적으로 벌어지는 일이라고 했다.

이스라엘군은 계속 최루탄을 쏘아댔고, 다연발발사장치로 한꺼번에 10~20발을 퍼붓기도 했다. 냄새 때문에 그 자리에 주저앉고 말았던 나는 다른 현지 기자들처럼 미리 방독면을 준비하지 못한 것을 통탄해할 수밖에 없었다.

시위대가 흩어지면서 잠시 최루탄이 뜸해지는가 싶더니 이번에는 물대포가 등장했다. 살수차는 한국 경찰이 사용하는 것과 비슷했다. 다만 물이 녹색을 띤다는 점이 달랐다. '최루탄도 맞았는데 물대포쯤이야' 하고 방심했던 나는 녹색 액체에서 풍기는 냄새를 맡고는 크게 후회했다. 다량의 암모니아 성분이 함유되어 '똥' 냄새가 진동했던 것이다. 이곳 사람들도 이 액체를 '똥물'이라며 기피했다. 집회가 끝난 뒤에도 주위 사람들이 나를 멀리할 정도로 그 냄새는 오래가고 지독했다.

그날 집회에서 세 명이 부상을 당해 구급차에 실려 갔고, 더는 나아갈 수 없어 시위대는 자연스럽게 해산했다. 매주 똑같은 수난을 당하면서도 2016년 현재까지 이 집회가 끊이지 않고 있다는 것이 신기하기만 했다.

끈질긴 싸움이 결국 희망을 싹틔웠다. 주민들 투쟁과 국제사회의 연대, 국제법적 정당성에 힘입어 마침내 2007년 9월 4일, 이스라엘 대법원조차 "정부는 빌린 지역에 완공된 분리장벽 1.7킬로미터를 다른 지역으로 변경하라"는 명령을 내렸다. 물론 이 판결이 '모든 분리장벽이 위법하다'는 뜻은 아니다. 빌린 지역의 분리장벽만 해도 군사, 안보 측면에서 꼭 필요한 것은 아니어서 장벽의 일부만을 이전시킨 것에 불과했다. 그러나 점령자인 이스라엘 법원이 내린 판결이란 점은 분명히 의미가 크다.

빌린 마을에 대한 국제사회의 지지도 날로 높아가고 있다. 2009년 8월 27일에는 지미 카터 전 미국 대통령과 투투 남아프리카공화국 성공회 대주교 등 노벨평화상 수상자들이 방문했다. 투투 대주교는 이날 "이스라엘은 독일의 전쟁범죄에 대한 보상을 아랍인들에게서 받고 있다"며 "홀로코스트를 경험한 이스라엘은 철망과 장벽, 총으로는 안보를 얻을 수 없다는 점을 배워야 한다"고 말했다. 또 "우리가 모두 믿는 하나님은 언제나 약자를 편애하시는 분"이라며 서늘한 경고를 아끼지 않았다.

한밤의 기습

2009년 9월 12일 새벽 2시, 이스라엘 군인들이 빌린 마을을 기습했다. 마을의 투쟁을 이끄는 관계자들과 금요집회에서 돌을 던진 10대와 청년

새벽 2시에 빌린 마을의 한 가정을 기습한 이스라엘군.

들을 체포하려는 작전이다. 그 주에만 벌써 두 번째였다. 이러한 이스라엘 군인들의 '야간 습격'은 이 마을에선 일상적인 일이다. 그러나 공포와 불안에는 결코 익숙해질 수 없었다.

이날 나는 현지 프리랜서 다큐작가와 외국인 평화운동가들과 함께 불침번을 서고 있다가 현장을 취재할 수 있었다. 이스라엘군은 무함마드 야신(21세)이라는 청년을 체포하려고 그의 집 문을 부수고 들어갔다. 가족들을 모두 깨워 일일이 취조하고 온 집 안을 뒤졌지만, 다행히 야신은 집에 없었다.

이런 일을 겪을 때마다 주민들은 그저 무력하다. 멀찍이 지켜보기만 할 뿐이다. 조금이라도 잘못 보이면 바로 체포되고, 어떤 이유로 체포되든지 그보다 훨씬 무거운 처벌을 받게 되기 때문이다. 이럴 때 가장 유리한 방패라야 '외국인'이다. 미국, 프랑스 등에서 온 외국인 평화운동가 몇몇은 자국의 힘을 믿고 자진해 팔레스타인 사람들 대신 이스라엘군에 맞선다.

야신을 잡지 못한 이스라엘군은 그 대신 이날 작전을 가장 적극적으로 방해하고 나선 잭이라는 영국인 친구를 호송차에 실었다. 그러나 역시 잭은 마을에서 200~300미터 떨어진 곳에서 풀려났다. 다행히 이날은 아무도 잡혀가지 않았다. 단지 운이 좋은 날일 뿐이다. 여행할 곳도, 여행할 돈도 없는 팔레스타인인들은 좀체 외박을 하지 않는다.

정착촌이 아니라 '점령촌'

그동안 이스라엘은 '점령촌 보호'를 명분으로 팔레스타인 전 지역에 분리장벽을 세우고 팔레스타인 사람들의 땅을 강제로 빼앗았다. 'Settlement'

집회를 마치고 돌아가는 빌린 마을 사람들. 멀리 점령촌이 보인다.

를 '정착촌'으로 옮겨 싣는 언론도 있는데 그보다는 '점령촌'이라는 표현
이 더 적절할 듯하다. '정착촌'이란 말에서는 탐관오리에 쫓겨 산속에 들
어간 조선시대 화전민들이 떠올라 연민이 든다. 자칫 잘못하면 이스라엘
이 팔레스타인 사람들에게 가한 불법과 가혹한 폭력 행위가 모두 은폐될
수도 있을 것 같아서다. 팔레스타인 여행 도중 운 좋게도, 수년간 서안지
구에서 선교사로 활동해온 재미교포 분을 만났다. 이분에게서 서안지구에

Palestine

점령촌이 들어선 과정과 그곳의 분위기를 들을 수 있었다.

"점령촌에 사는 유대인들은 쉽게 말해 극우주의자들입니다. 이스라엘 사람
들 중에서 0.1퍼센트나 될까 말까 한 이들은 팔레스타인 전체를 자신들의 땅
으로 믿습니다. 이 때문에 이들은 옛날부터 서안지구의 아무 곳에서나 막무
가내로 컨테이너 같은 것을 가져다 놓고 먹고 자기 시작했어요. 이스라엘 정
부에 '팔레스타인인들에게서 신변을 보호해달라'고 요청하고요. 이스라엘
정부가 군대를 보내 경비를 서 줍니다. 점점 사람들이 모여들어 진짜 집과
기반 시설을 건설하게 되죠. 기왕에 군대가 있으니 군사시설도 만들고요. 그
러다 보면 팔레스타인인들은 접근이 금지되는 겁니다. 혹시 그쪽을 취재하
실 거라면 점령촌 사람들을 아주 조심하셔야 합니다. 외국인들도 안중에 없
는 사람들이니까요."

이스라엘 정부가 주장하는 점령촌의 '자연적 형성'이란 이런 것이다.
그렇다고 이스라엘 정부에 책임이 없는 것은 아니다. 어떤 국가라도 자국
민의 국제법 위반을 방기해서는 안 된다. 도리어 그 불법적인 행동을 장
벽으로 보호한다면 점령촌은 자연적으로 형성된 것이 아니라, 이스라엘
정부가 '정책'으로 확대한 것밖에 안 된다.

빌린 마을에서만 점령촌이 문제가 되는 것은 아니다. 서안지구를 여행
하다 보면 곳곳이 점령촌이다. 어디에서고 마주치게 된다. 이스라엘 정부
는 2007년부터 새로운 형태의 이스라엘—팔레스타인 국경선을 제안했다
(24쪽 그림 참고). 그 바람에 서안지구의 절반 이상이 장벽에 편입되고 말
았다. 이 제안에 따르면 팔레스타인은 이스라엘이라는 바다에 둘러싸인

제주도 크기 정도의 고립된 섬이 되고 만다. 세계 역사상 어떤 국가, 공동체도 이런 형태였던 적은 없을 것이다. 이 때문에 빌린 마을뿐만 아니라 서안 전역의 팔레스타인인들은 자신들의 목숨을 내걸고 점령촌과 장벽에 저항하는 것이다.

점령촌 문제는 이스라엘과 팔레스타인 간의 평화협상을 가로막는 최대 걸림돌이다. 팔레스타인 자치정부는 그 자체가 불법인 점령촌 건설이 중단되지 않는 한 이스라엘과 협상하지 않을 것이라는 입장이다. 반면 이스라엘은 자연적으로 형성되는 점령촌을 팔레스타인인들의 위협에서 보호할 수밖에 없으며 이를 위해 장벽을 세우고 군대를 주둔시킬 수밖에 없노라 주장한다.

그러나 최근 미국 오바마 대통령을 비롯한 세계 각국의 정치 지도자도 점령촌 건설 중단을 촉구하고 있다. 2009년 8월 27일 앙겔라 메르켈 독일 총리는 자신의 나라를 방문한 네타냐후 이스라엘 총리 면전에서 "이스라엘과 팔레스타인 간의 평화협상이 다시 진행되려면 점령촌 건설이 먼저 중단되어야 한다"고 강조했다.

'똥물' 보다 부끄러운 것
⋮

2000년에 발발한 2차 인티파다가 실패한 이후 팔레스타인인들은 예전의 용기와 패기를 회복하지 못한 모습이다. 파타당과 하마스의 갈등이 보여주듯 팔레스타인 정계는 분열된 반면, 이들 팔레스타인인들을 통합할 새로운 흐름은 아직 출현하지 않고 있다. 상대할 이스라엘은 핵무기까지

Palestine

보유한, 세계에서 열 손가락 안에 드는 군사강국이며 미국의 지원까지 받고 있는데 말이다.

결국 팔레스타인에 '평화'를 가져오고 '정의'를 세우려면 팔레스타인 인들이 스스로 단합하고 질기게 저항할 뿐만 아니라, 외부에서도 팔레스타인인들을 적극 지지하고 실질적으로 이스라엘을 압박하는 행동을 실천해야 한다.

2009년 10월 16일 유엔 인권이사회는 이스라엘의 가자 공격에 대한 전쟁범죄 책임을 묻는 '골드스톤 보고서 Goldstone Report' 인준안을 표결에 부쳤다. 그 결과 반이 넘는 25국이 찬성표를 던져 장차 국제형사재판소 등에서 이스라엘에 구체적인 책임을 물을 수 있게 되었다. 그러나 반기문 사무총장도 이 보고서를 지지했는데도 유엔 인권이사국인 한국은 이 표결에서 기권표를 던지고 말았다. 팔레스타인에 머무는 동안 '똥물'을 뒤집어 쓴 것보다 더 깊은 부끄러움을 느낀 건 이 때문이다.

어느 팔레스타인 소년의 죽음

| 서정환 |

이스라엘 점령민들이나 군인들은 점령촌에 접근하는 팔레스타인인들을 사격할 수 있다. 내가 팔레스타인에 머무는 동안 불행하게도 한 소년이 그렇게 죽고 말았다.

구급차까지 막은 이스라엘군

2009년 8월 31일 월요일 밤 9시 반경, 라말라 북쪽 교외에 있는 점령촌 베델을 지키던 이스라엘 군인들이 이 점령촌에 접근하던 열다섯 살 소년 무함마드 나예프를 총으로 쏴 중상을 입혔다. 나예프는 베델 점령촌과 불과 500여 미터 떨어진 잘라존^{Jalazon} 난민촌에 살고 있었다. 현지 언론과 인권단체에 따르면, 이스라엘군은 나예프의 부상 소식을 듣고 모여든 사

Palestine

이스라엘군에 사살된 나예프와 나예프 아버지 사진이 걸려 있는 나예프의 집.

람들에게 최루탄을 쏘았으며 심지어 의료진이 탄 구급차의 접근도 막았다. 이 과정에서 의료진을 포함한 세 명이 더 부상을 입었다. 이스라엘군은 사건 발생 후 1시간 만에 헬기를 이용해 나예프를 병원으로 옮겼으나 다음 날 새벽, 나예프는 숨졌다.

이 소식을 들은 나는 다음 날 오전, 잘라존으로 향했다. 난민촌 곳곳에는 이미 나예프 사진이 실린 포스터가 붙어 있었다. 포스터에는 2차 인티파다 때 역시 이스라엘군에 사살된 나예프 아버지 사진도 함께 실려 있었다.

나는 나예프 어머니를 가장 만나고 싶었다. 말은 통하지 않지만 남편에 이어 아들마저 이스라엘군에 빼앗긴 여인의 슬픔을 보고 싶었고, 눈빛으로나마 위로를 건네고 싶었다. 그러나 여성이 많이 모인 집 안에 들어가는 건 예법에 어긋나는 모양이었다. 집 앞에서 만난 주민 아흐마드 알리얀(26세)이 "여자들이 많이 모인 곳이라 남자는 들어갈 수 없다"고 말해주었다.

어쩔 수 없이 집 주변에서 서성대고 있었는데, 마침 '팔레스타인 방송 PBC'에서 가족들을 취재하러 왔다. 여성 앵커는 나예프 어머니를 설득해 카메라맨 등 취재진의 입실을 허락받았다. 운 좋게도 나는 그들에 묻어가서 나예프 어머니와 할머니가 있는 방 안에 들어갈 수 있었다. 나예프 집에는 온 동네 여인이 다 모여든 듯했다. 남편에 이어 셋째아들까지 잃은 여인을 곁에서 위로할 수 있는 사람은 바로 그 여성들이었다.

방에는 열 명 남짓한 여인이 둘러앉아 있었고, 방 밖의 계단과 작은 마당에도 20여 명이 앉아 있었다. 아무도 말은 없었다. 그저 젖은 눈빛과 어두운 얼굴로 먼 하늘을 보거나 낯선 방문객을 응시할 뿐이었다.

나예프의 죽음을 애도하기 위해 모인 동네 여인들.

앵커는 나예프의 형과 어머니, 할머니를 차례로 인터뷰했다. 물론 나는 그들의 말을 알아들을 수는 없었다. 방송국 기자들이 영어를 썩 잘하는 편도 아니어서 그 말을 전해 들을 수도 없었다. 하지만 무슨 말을 했든 그들의 말이 슬픔을 다 담아내지는 못했으리라 생각한다. 나예프 가족은 슬픔에 지쳐 보였다.

그것은 정당방위였을까
:

나예프 집을 나와 사건이 발생한 베델 점령촌으로 향했다. 현장에 가서 가장 놀랐던 것은 점령촌과 나예프가 다니던 학교의 거리가 불과 100여 미터도 되지 않았다는 점이다. 나예프가 다니던 잘라존 고등학교 뒤편으로 작은 올리브나무 밭과 잡초가 헝클어진 벌판이 있었는데, 그곳 어디쯤에서 나예프가 쓰러졌다고 한다.

사건 장소로 더 다가가려고 하자, 저편 초소에서 이스라엘군이 스피커를 통해 나에게 뭐라고 경고를 해댔다. 무슨 말인지 알아들을 수는 없었지만 고압적인 말투로 보건대 '꺼져!'라는 말 정도가 아니었을까 싶다. 결국 나는 더 나아가지 못했다. 나예프를 죽인 총알이 바로 그 초소에서 날아왔다는 생각이 드니 가슴이 서늘해졌다.

이 사건을 대하는 사람들 태도에서 가장 이상하게 여긴 점은 슬픔만 있을 뿐, 분노는 찾아보기 힘들었다는 것이다. 한 아이가 사고가 아닌, 의도적인 총격에 살해당했는데, 그냥 묻어야 할 일은 아니지 않은가. 그러나 이미 가족들은 나예프를 땅에 묻었고 이 사건은 그렇게 단 하루 만에 지나간 것이 되었다.

나는 알리얀에게 이스라엘이 가족에게 보상을 해주었는지 물었다. 알리얀은 고개를 가로저었다. "내가 기억하는 한 2년 전까지 이 난민촌에서 여섯 명이 똑같은 방법으로 당했는데 그들 가족 누구도 보상을 받지 못했다"고 말했다.

이스라엘은 이 사건에서 자신들의 정당방위를 주장했다. 나예프가 화염병을 던지려 했다는 것이다. 나예프 친구가 나예프 사진을 가리키며 "파

나예프를 사살한 이스라엘군이 있는 초소. 사진을 찍던 필자에게도 총을 겨누었다.

이터! 파이터!"라고 말한 걸로 보았을 때 나예프가 이스라엘군에게 돌이나 그 이상의 것을 던진 것은 사실일지 모른다. 팔레스타인인들에게 '파이터'란 이스라엘군에게 짱돌 혹은 화염병을 던진 용감한 전사라는 뜻이니 말이다.

집으로 돌아와 경찰인 사마르에게 이런 경우 보상을 어떻게 하는지 묻자 그는 "나예프는 돌을 던졌고, 이스라엘군은 총을 쐈지. 그게 바로 보상이야"라고 명료하게 정리해주었다. 또 다른 친구는 "그런 일은 자주 있다"며 '분노를 찾아보기 힘든' 이유도 설명해주었다.

Palestine

이 사건을 지켜보는 과정에서 무엇보다 크게 실망했던 것은 팔레스타인 자치정부의 태도였다. 나예프가 죽은 다음 날 저녁, 살람 파야드^{Salam Fayyad} 총리가 나예프 집에 찾아왔다. 그는 가족들을 위로하고 금식이 끝난 시간에 주민들과 함께 저녁을 먹었다. 그 자리에서 "빌어먹을 놈의 감시탑!"이라고 뇌까렸을 뿐, 이렇다 할 대책을 내놓지는 않았다고 한다. 그러나 총리라면 욕 이상의 무엇을 내놓았어야 하지 않을까.

사건 현장에서 찍은 사진을 확인하던 나는 소스라치게 놀랐다. 초소 앞의 한 이스라엘 군인이 나에게 총을 겨누고 있었던 것이다. 훤한 대낮에 카메라만 멘 사람에게 총을 겨누다니. 만약 나예프가 점령촌 쪽으로 달려간 강아지나 실수로 차버린 축구공을 찾으러 다가갔다면 어땠을까? 그때는 무사했을까?

"아랍인이든 유럽인이든 우리를 모두 죽이려고 작당한 것 같아요"[*]

| 서정환 |

30대 후반인 팔레스타인인 아부 쿠세이는 2008년 말까지 가자지구에서 경찰 겸 경비대로 일했다. 야세르 아라파트 전 수반이 살아 있을 적에는 아라파트 부인의 경호원이었고, 하마스가 총선에서 승리한 이후 주요 국빈들의 경호 책임자로도 일했다. 일찍 결혼해 열다섯 살짜리 맏이와 여섯 살짜리 막내 등 자식을 여섯 두었다.

쿠세이는 2008년 12월 27일 이스라엘이 가자를 공습한 날 겪은 일을 아직도 실감하지 못한다. 차분히 그날을 상기하는 것이 여전히 힘겹다.

> "그날 저는 정부 공관에 있었죠. 저를 포함한 공관 경비대 열다섯 명은 회의를 하려고 11시에 3층 회의장에 모여 있었습니다. 테이블에 둘러앉아 막 회

■ 이 글은 시사월간지 《말》 2009년 3월호에 실린 것이다.

의를 하려는데 F-16 전투기 한 대가 우리의 머리 위로 낮고 요란하게 날아 왔습니다."

그때부터 쿠세이는 생지옥을 체험했다.

"늘 폭탄 터지는 소리를 듣고 살았지만 그날의 소리는 전혀 다른 것이었습니다. 무언가가 저를 땅으로 내리누르는 것 같더니 폭탄이 우리가 있던 바로 옆 건물에서 터졌습니다. 이상한 나라에 들어온 것 같은 기분과 함께 저는 정신을 잃었습니다."

끈끈한 액체가 머리에서 뺨 위로 흘러내리는 것을 느끼며 쿠세이는 아주 천천히 정신을 되찾기 시작했다.

"눈을 뜨려고 노력하긴 했는데 주변이 먼지로 자욱해서 눈을 뜰 수가 없었습니다. 단지 작은 구멍에서 옅은 빛줄기가 새어 나오는 것만 느낄 수 있었습니다."

그때까지도 정신이 혼미했던 쿠세이가 본 것은 코 앞(비유가 아닌 말 그대로)에 있는 벽이었다. 희한하게도 벽에 구멍이 숭숭 뚫려 있었다. 곧이어 누군가가 감히(?) 그의 머리에 발을 올려놓는 것을 느낄 수 있었다. "이봐, 이 발 좀 치워!"라고 말했지만, 그는 말을 듣지 않았다. 그 발을 밀어내리던 쿠세이는 자신의 팔이 수갑이라도 채워진 것처럼 등 뒤로 꺾여 있다는 사실을 알았다. 머리에 흐르던 것은 자신의 피였다. 그러나 그가 보고 겪어야 할 끔찍한 일은 아직도 많이 남아 있었다.

　"곧 제 주변에서 사람들의 비명과 신음소리가 들리기 시작했어요. 여성 동료
　한 명의 목소리도 섞여 있었죠. 또 다른 동료 함부는 '조금만 참으라'고 하
　더군요."

　무엇을 참아야 하는지 실감하지 못했던 쿠세이는 자신이 무너져내린 건
물 잔해에 깔려 있다는 사실을 곧 알게 되었다. 콘크리트벽돌이 그의 온
몸을 짓눌렀다.

　"3층에서 정신을 잃었는데 깨어 보니 1층이었어요."

　여느 때처럼 회의실에서 회의를 하다 순식간에 이런 황당한 지경에 이
르자, 후세이는 마치 순간이동이나 시간여행이라도 한 듯한 착각에 빠졌
다. 그가 다시 정신을 차린 곳은 알시파 병원이었다.

　"주변에는 온통 시체들이었습니다. 시체와 중환자들이 응급실 바닥 여기저
　기에 널려 있었습니다. 그들을 모두 침대에 눕힐 수 없었으니까요. 다리를
　잃은 사람, 팔을 잃은 사람, 살덩이가 떡 벌어진 흉측한 상처를 입은 사
　람……. 도저히 그걸 현실이라고 받아들일 수 없었어요. 회의를 하다가, 순
　식간에 건물 잔해에 파묻혔다가, 또 그렇게 많은 시체에 둘러싸였다는 사실
　을 도저히 받아들일 수 없었죠. 나 자신을 잃어버린 듯했습니다."

Palestine

쿠세이 역시 상처를 입었지만, 몬타다^{montada} 구역 근처 학교에서 실려 온 아이의 머리에 뚫린 구멍을 보니 자신의 고통은 느껴지지도 않았다. '조금만 참자'던 동료 함부는 결국 사망했다.

"저는 경력을 쌓기 위해 응급차 운전을 배웠고, 실제로 그 일을 하기도 했습니다. 그러나 그날처럼 끔찍한 광경을 본 적이 없어요. 그렇게 많이 떨어져 나간 팔다리와 머리를 본 적이 없단 말입니다. 도대체 어떻게 민간인과 하굣길의 아이들에게, 군부대도 아닌 정부청사에 폭탄을 떨어뜨릴 수 있죠? 사람은 물론 가축과 동물도 모두 죽이고 나무뿌리까지 뽑아버린 그들이 어떻게 테러리스트가 아닐 수 있죠? 그들은 우리를 상대로 대량학살을 자행한 것입니다."

가장 끔찍한 것은 쿠세이가 겪은 일이 그날로 그치지 않았다는 것이다. 그로부터 3주 후에도 그가 입원해 있던 알시파 병원은 환자와 시체들로 넘쳐났다.

뼛속까지 태우는 백린탄
:

"유럽과 미국 등 서방세계는 무려 22일이나 계속된 이 살육 현장을 보고만 있었습니다. 마치 영화를 보듯이 여자와 아이들이 피하지도, 저항도 못하고 죽어가는 것을 그냥 보고만 있었다는 말입니다. 이제는 저와 제 아이들 역시 언제라도 죽을 수 있다고 생각합니다. 가자에서 안전한 데라고는 없으니까요."

이렇게 말은 하지만 알시파 병원의 이 의사는 분노할 기운이 없다. 3주 동안 매일, 그와 동료들은 아주 심각하게 부상당한 많은 환자를 상대해야 했기 때문이다. 수술실이 여섯 개밖에 없어 그냥 바닥에서 수술을 받다가 결국 죽은 환자도 많다.

15년간 의사로 일해온 외과전문의 아부하산은 듣도 보도 못한 유형의 부상들을 보며 낙담했다. 특히 어떤 화학물질에 입은 화상이 문제였다. 이 화상환자들은 피부만 검게 그을리는 데 그치지 않고 근육과 뼛속에까지 화상이 번져 있었다. 아무리 화상약을 바르고 치료해도 환부는 이내 다시 검게 변했다. 아부하산이 이 병의 정체를 안 것은 이집트로 보낸 중환자 두 명이 사망한 직후다.

"부검 결과 사인이 백린 중독으로 인한 심장마비였습니다. 다른 병원에서도 화상환자들의 세포 조직을 이집트의 연구소로 보냈는데 세포 조직에서 백린 성분이 발견됐다고 하더군요."

이후 아부하산은 한 농부의 전화를 받고는 뭐라고 해야 할 말을 찾을 수 없었다. 그 농부는 공습에 엉망이 된 과수원에서 오렌지를 거뒀는데 "오렌지에서 불쾌한 냄새가 나고, 그것을 쥐고 난 다음부터 손이 가렵다"며 오렌지를 먹어도 괜찮은지 물었던 것이다. "모든 것을 깨끗이 씻어야 한다"고 말은 했지만 그것도 확실한 해답은 아니었다. 아부하산은 의사로서 무력감에 빠졌다. 그러나 백린이 어디서 발생되었는지는 분명하기 때문에 백린으로 인해 죽은 사람들에 관해 얘기할 때만큼은 그도 열변을 토하며 분개했다.

Palestine

최근에야 팔레스타인 의사와 국제인권기구들은 이스라엘군이 가자를 공습할 당시 민간인 밀집 지역에 백린탄을 투척했다는 증거를 속속 공개하고 있다. 백린탄은 그냥 한번 터지고 마는 게 아니라 2차 발화해 더 많은 사람을 죽고 다치게 하며 고통스럽게 한다. 이 때문에 국제법에 따르면 사용이 제한된, 특히 민간인에 대한 사용이 엄격히 금지된 잔혹한 무기다. 피부가 백린탄에 한 번 오염되면 산소에 닿는 것만으로도 살갗에 불이 붙고, 뼛속까지 화상을 입는다.

이스라엘군은 백린탄 투척 사실을 전면 부인했지만, 휴먼라이츠워치 Human Rights Watch가 가자지구에서 'M825E1'로 불리는 백린탄피 72개를 발견했다.

이스라엘군이 남긴 똥, 치욕

⋮

폭탄에 맞아 죽고, 폭격으로 무너진 건물에 깔려 죽고, 백린탄 때문에 화상을 입고 죽는 것보다 그래도 살아남는 것이 가자지구에서는 더 나은 것일까?

"차라리 이 집과 함께 우리도 죽는 것이 더 나을 뻔했어요!"

아벳 라부(54세)는 벽만 남은 집에 앉아 이렇게 절규한다. 가자지구 동쪽 자발랴Jabalyah 시 서쪽에 있는 그녀의 집을 파괴한 것은 이스라엘의 불도저였다.

"태어난 이후부터 계속 고통의 연속이었어요. 1948년 이래 우리는 이 전쟁에 쫓기고 저 전쟁에 몰리고, 저 난민촌으로 갔다가 다시 이 난민촌에 오기를 반복했죠. 아랍인이든 유럽인이든 모두 우리를 죽이려고 작당한 것 같아요."

어른들이 난민촌에서 담요 같은 생활용품을 받으려고 줄 서 있는 동안 아이들은 무너진 집의 잔해더미에서 노는 것이 일상적인 모습이다. 라부의 가족 27명 중 14명은 국제구호기구가 최근에 조성한 텐트촌이나 학교 같은 공공시설에 마련한 피난처에서 살기보다 그냥 무너진 집에 남기로 했다. 가자지구 전체에 물자가 부족해서, 어느 곳을 가든 그다지 나을 것이 없기 때문이다.

알아타트라^{Al-Atatra} 마을에 있는, 오차(OCHA, 유엔인도주의업무조정국)에서 세운 학교에서는 작은 교실 하나에 무려 35명이 모여 지내고 있다. 전쟁 초기에는 매트리스나 이불도 전혀 없었다. 식량도 없고 난방과 수도 같은 필수 생활시설도 없어 사람들은 춥고 더럽고 비위생적인 환경에서 견뎌야만 했다. 몇 개밖에 안 되는 화장실을 수백 명이 이용하다 보니 화장실에서는 똥오줌이 넘치고 그 주변으로 악취가 진동했다. '똥밭에 굴러도 이승이 낫다'는 속담도 있지만, 아무리 이승이 좋더라도 똥밭에서 구르는 것은 분명 역겨운 일이다.

피난민들이 모여 있는 곳에서만 분노가 넘치는 것은 아니었다. 운 좋게 멀쩡히 남아 있는 집에서도 똥은 넘쳐흘렀다. 이스라엘군은 닥치는 대로 집을 파괴했지만 자신들의 임시 주둔지로 몇 채는 남겨두었다. 그곳에 머물 때 이스라엘 군인들은 화장실을 이용하지 않고 굳이 침대며, 싱크대, 옷장 심지어 찬장 위에다가 똥을 누었다. 그 주변에는 이스라엘군이 먹다

Palestine

남긴 비상식량과 그것들의 포장지, 심지어는 탄약까지 흩어져 있곤 했다.

집으로 돌아온 어떤 주민은 집 벽에서 '이스라엘군에 입대하라!'는 매우 애국적(?)이고 충성스러운 낙서를 발견했다. 이 '점령군'들 역시 화장실을 제외한 온 집 안에다가 똥을 질러놓았다. 밑씻개로는 종이가 아닌 옷가지를 썼고 말이다. 여성 속옷도 여기저기에 늘어놓았다.

또 다른 집에는 이런 낙서도 쓰여 있었다. "IDF(이스라엘군)가 왔다 간다. 너 지금 이 낙서 보고 있지? 너를 죽이진 않을 거야. 공포 속에서 평생을 살게 할 거니까!" 이스라엘군이 다녀간 어느 곳에서든지 이런 변태적인 흔적을 어렵지 않게 발견할 수 있다. 이스라엘 군인들이 불편(?)마저 감수하며 이렇게 행동한 이유는 무엇일까. 집으로 돌아온 팔레스타인인들에게 오랫동안 씻을 수 없는 치욕을 주려는, 심리적 테러를 가하려던 건 아닐까.

"신이 이 모든 것을 심판할 것"

국제엠네스티는 이스라엘의 가자 공습 후 가자에 인권침해실태 조사단을 보냈다. 그중 영국 육군에서 20년 동안 근무한 적 있는 군사전문가 크리스 콥스미스는 "가자 주민들의 집은 사정없이 약탈, 파괴, 유린, 모욕 당했다. 이스라엘 군인들은 똥과 쓰레기더미를 버렸고, 심지어 탄약과 다른 군용품까지 흘리고 떠났다. 이것은 제대로 된 군대의 행동이라고 볼 수 없다"고 밝혔다.

가자 공습으로 가자지구에서는 1,300명 이상이 죽고, 6,000여 명이 부상을 당했다. 총재산피해액만 약 24억 달러(약 2,400억 원)에 이르렀고, 복구하는 데 최소한 2년이 걸릴 것으로 내다봤다. 그러나 정작 한 사람 한 사람이 느끼는 고통의 무게는 잴 수 없었다.

전쟁(차라리 학살이라 부르는 것이 더 정확하겠지만) 중 삶이란 얼마나 비참한가. 네 살 된 사마르 몸에는 파편 세 개가 박혔고 이 지경이 되어서야 치료를 이유로 겨우 가자를 벗어날 수 있었다. 사마르의 아버지 칼리드 아벳 라부는 머리가 뜯겨 나간 아이의 테디베어 인형을 어루만지며 딸아이가 무사히 돌아오길 간절히 기도했다. 다른 두 딸, 일곱 살 수드와 두 살 아말은 바로 자신의 눈앞에서 죽고 말았다. 그는 차라리 이웃의 마날 알사무니처럼 되길 바랐다. 알사무니는 폭격 속에서 가족을 구하려다가 중상을 입었고, 나흘간 피를 흘리며 혼절해 있다가 숨을 거두었다.

두 살짜리 무함마드 발루샤는 밤마다 '안녕, 잘 자' 하며 속삭여주던 누나들을 매일 기다리고 있었다. 누이들이 폭격당해 영원히 잠들었다는 사실을 모른 채 말이다.

이스라엘이 공격한 지 단 3주 만에 가자지구 주민들의 처지는 2차 대전 직후인, 60년 전 난민 시절로 돌아갔다. 가자지구는 "신이 이 모든 것을 심판할 것"이라는 저주의 말로 가득 차 있다. 그 말이 이스라엘군에게는 전혀 들리지 않겠지만.

Palestine

점령촌의 등장

| 홍미정 |

1987년 12월 이스라엘의 점령정책에 맞서 팔레스타인인들이 1차 인티파다를 일으켰다. 이스라엘의 폭력적인 대응에 국제사회는 비난을 쏟아냈다. 그러자 90년대 초반 노동당이 집권하던 이스라엘은 팔레스타인 자치에 대한 원칙적인 합의와, 이스라엘과 PLO 간 상호 인준을 내용으로 하는 평화협상을 추진한다. 94년 5월 '오슬로협정I'을 통해 '팔레스타인 임시 자치정부'가 처음 구성됐고, 95년 9월 '오슬로협정II'를 통해 서안을 A·B·C 세 지역으로 분할했다. 이 분류는 각 해당 지역의 행정권과 치안권을 어느 쪽에서 관할하느냐에 따른 것이다.

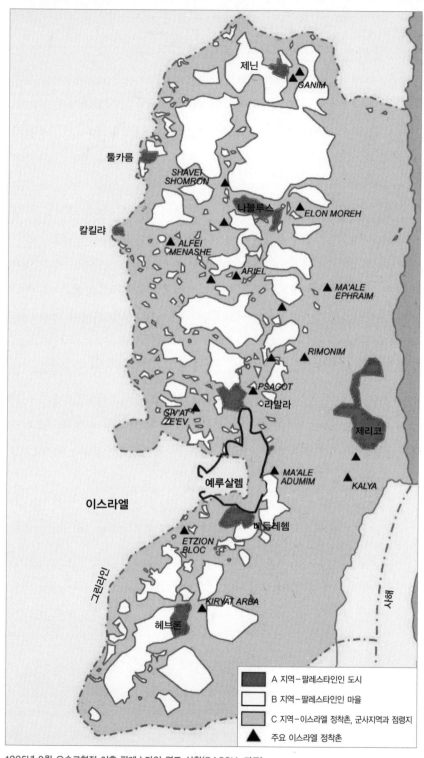

제닌

GANIM

툴카름

SHAVEI
SHOMRON

나블루스

ELON MOREH

칼킬랴

ALFEI
MENASHE

ARIEL

MA'ALE
EPHRAIM

RIMONIM

PSAGOT

라말라

SIV'AT
ZE'EV

제리코

예루살렘

MA'ALE
ADUMIM

이스라엘

KALYA

베들레헴

ETZION
BLOC

그린라인

사해

KIRYAT ARBA

헤브론

A 지역 – 팔레스타인인 도시

B 지역 – 팔레스타인인 마을

C 지역 – 이스라엘 정착촌, 군사지역과 점령지

▲ 주요 이스라엘 정착촌

1995년 9월 오슬로협정 이후 팔레스타인 영토 상황(PASSIA 자료).

'감옥 안의 간수'가 되어버린 자치정부

팔레스타인인이 밀집한 A 지역(팔레스타인 자유주의자들 정당인 파타당이 통치)에서는 팔레스타인 자치정부가 치안권과 행정권을 행사하고, A 지역 인근의 B 지역에서는 팔레스타인 자치정부(이슬람주의자 정당인 하마스가 통치)가 행정권을, 이스라엘이 치안권을 행사하게 되었다. 점령촌과 수자원이 집중돼 있는 C 지역에서는 이스라엘이 행정권과 치안권을 모두 행사하기로 했다. 오슬로협정의 마지막 단계인 샤름 엘 셰이크 협정이 99년 9월에 체결되면서, 팔레스타인 전체에서 A 지역은 17.2퍼센트, B 지역은 23.8퍼센트, C 지역은 59.0퍼센트를 차지하게 되었다. 그 결과 B, C 지역인 서안의 82.8퍼센트와 가자지구 40퍼센트는 이스라엘의 지배 아래 놓이게 되었다.

이런 분할 방식으로 이스라엘은 서안 전역의 땅과 그곳에 거주하는 팔레스타인인에 대한 통제를 제도화했다. 그리고 팔레스타인인들은 도시를 자유롭게 이동하기 어려워졌다. A, B, C 세 지역에 거주하는 팔레스타인인들은 이동하려면 모두 이스라엘에서 허가증을 받아야 하는데, 사실상 허가증은 거의 발급되지 않는다.

또 이스라엘은 C 지역에서 추진해온 점령촌 건설 사업을 더욱 강력히 밀어붙일 수 있게 되었다. 좌파인 노동당이 집권했든 우파인 리쿠드당이 집권했든 좌우 구별 없이 이스라엘의 모든 정권은 점령촌 건설 사업을 확대·강화했고, 그 결과 이스라엘 정착민 수는 90년대 이전보다 2배 이상 증가해 2002년에는 42만 명을 넘는다.

협상 기간에 이스라엘은 점령촌에 활력을 불어넣는다는 명목으로 팔레스타인 마을을 관통해 도로를 놓고, 팔레스타인 도시들을 연결하는 간선도로에 검문소를 촘촘히 박아놓았는데, 이것이 서안지구를 철저히 망가뜨렸다. 그 때문에 팔레스타인 사람들은 도시와 마을 단위로 완전히 갇혀버리고, 자치정부는 팔레스타인 사람들을 통제하는 '감옥 안의 간수' 꼴이 되어버렸다.

필사의 몸부림, 자살폭탄공격
⋮

오슬로협정이 팔레스타인에 평화를 정착시키리라 환상을 품었던 팔레스타인 사람들은 2000년 7월 캠프데이비드협정에서 쓰라린 환멸을 맛보았다. 이 협정에서 이스라엘 노동당 정권은 이스라엘에 인접한 서안 일부와 점령촌 합병, 서안의 수자원과 천연자원 장악, 영공 장악, 팔레스타인 국가의 비무장화, 모든 경계에 대한 이스라엘의 완벽한 통제권 확보 등을 주장했다. 반면, 핵심 쟁점이었던 점령촌 제거, 팔레스타인 난민 문제와 이슬람·기독교·유대교 세 종교의 성지인 예루살렘 문제, 1967년 경계 회복, 천연자원에 대한 팔레스타인인들의 권리는 완전히 부정되었다. 이것이 2000년 9월 28일에 일어난 2차 인티파다의 원인이다. 이 시기에 팔레스타인인들은 자살폭탄공격으로 맞섰는데, 그것은 압도적인 군사력을 지닌 이스라엘에 저항하는 필사적인 몸부림이었다.

2002년 6월 미국 대통령 조지 부시는 "이스라엘과 나란히 평화롭고 안전하게 존재할 수 있는 독립적이고 민주적이며 생존 가능한 팔레스타인 국가 건설"을 제안하는 연설을 했다. 이런 제안은 2003년 4월 '중동평화

Palestine

로드맵▪'으로 구체화되었다. 로드맵은 위기 원인을 이스라엘의 점령정책에 대항하는 팔레스타인인들의 무장공격에 있다고 진단했다. 결과적으로 팔레스타인 자치정부에 '건국 가능성'을 미끼로 던지고는, 자치정부가 이스라엘을 대신해 팔레스타인 무장단체를 해체하도록 요구한 것이나 다름없다.

그러나 현재 대다수 팔레스타인 사람들은 무장단체는 지지하는 반면, 자치정부는 부패하여 개혁되어야 한다고 바라본다. 자치정부가 무장단체들을 통제할 만한 능력을 상실한 지도 이미 오래되었고 말이다.

이스라엘은 로드맵 발표 이후에도 계속 점령촌을 건설하고 있으며, 팔레스타인인들도 이에 무장투쟁으로 맞서고 있다. 이스라엘의 대표적인 평화운동단체 '피스 나우Peace Now'의 아리엘 아르논 교수는 점령촌 건설 사업이 이스라엘 안보를 위협하는 주범이라고 지적한다. 이스라엘이 팔레스타인 무장단체를 공격하고, 서안에 인종차별적인 분리장벽을 세우고, 허울 좋은 말들을 늘어놓는 것으로 팔레스타인 지역에 평화를 가져올 순 없다는 것이다. 도리어 그것이 팔레스타인인들의 무장투쟁을 유발하고 격화시킨다는 주장이다.

▪ 미국과 유엔, 러시아, 유럽연합EU이 이스라엘과 팔레스타인 사이에서 벌어지는 유혈 사태를 끝내기 위해 작성한 중동평화계획을 말한다. 그러나 이스라엘이 로드맵의 전제 조건인 가자, 서안지구에서 병력을 철수하지 않고 점령촌도 계속 건설함으로써 로드맵은 사실상 사문화되었다.

분리장벽에 '감금'된 예루살렘

팔레스타인 사람들은 동예루살렘·가자·서안지구만이라도 통합해 독립 국가를 세우고자 하지만, 이런 소망과 달리 세 지역은 더 잘게 쪼개져 이스라엘에 계속 먹혀들고 있다.

이스라엘은 동예루살렘 주변 지역에 8미터 높이의 콘크리트 분리장벽을 여러 겹 세우고 곳곳에 검문소를 설치했다. 그리고 그곳에 이스라엘 군인, 경찰 수천 명을 배치해 서안지구에 거주하는 팔레스타인인들이 동예루살렘에 접근하지 못하게 한다. 이스라엘은 동예루살렘을 자신들의 도시 텔아비브와 비슷하게 변화시키고 있으며 그 과정에서 이슬람 성지를 파괴하고 있다.

이스라엘은 동예루살렘에 거주하는 팔레스타인 사람들에게 영주권을 의미하는 '2등 시민권'을 발급했다. 2등 시민권으로는 투표도 할 수 없고, 정해진 구역 밖에서는 재산도 소유할 수 없다. 이스라엘은 예루살렘의 팔레스타인인들을 줄일 요량으로 이 2등 시민권마저 박탈하는 정책을 실시하고 있으며, 2007년에는 박탈 비율이 이전 해보다 6배나 증가했다.

이스라엘에 포위된 가자 전 지역은 말 그대로 고립된 '감옥'이다. 출입구는 5곳(에레츠 Erez, 나할 오즈 Nahal Oz, 수파 Sufa, 케렘 샬롬 Kerem Shalom, 라파 Rafah)이며, 출입구마다 중무장한 이스라엘 군인들이 버티고 서 있다. 이스라엘과 가자지구 사이에는 폭이 500미터 정도 되는 보안 지대도 있다. 이스라엘은 가자공항을 파괴했고, 항구 건설도 방해했다. 가자를 '적지'로 선언하면서 이스라엘과 가자지구의 경계를 영구적으로 폐쇄하려는 것이다. 특히 2008년 12월 공습 때 이스라엘은 가자를 '지붕

Palestine

동예루살렘을 가로지른 분리장벽. 이스라엘 정부는 당초 정한 동서 예루살렘 경계보다 3킬로미터 정도 더 동쪽까지 파고들어 와 분리장벽을 세웠다.

없는 감옥'이 아닌 '도살장'으로 만들었다고 해도 지나치지 않을 정도로 잔혹하게 공격했다. 국제사회도 큰 충격을 받았다.

이 대형 감옥 혹은 도살장 같은 가자지구에서 팔레스타인인 약 150만 명은 매우 열악한 환경에서 생활하고 있다. 이들 중 60퍼센트는 난민구호사업기구와 다른 국제기구들에 의존해서 살고 있다. 주민 70퍼센트가 실업 상태이고 빈곤선 이하에서 생활한다. 가자 학생들은 이집트에 가서 고등교육을 받고 싶어도 출국이 금지돼 갈 수가 없다. 연료·전기·식량이 부족할 뿐만 아니라 수출입 길도 아예 막혀 가자의 팔레스타인인들은 '집단 체벌'이라도 받고 있는 형국이다.

가자보다 더 참혹한 서안

요르단강 서안지구는 점령촌, 분리장벽, 검문소 등으로 철저히 통제된다. 가자가 하나의 거대한 감옥이라면, 서안은 분리장벽으로 건설된 거대한 감옥이 다시 갈기갈기 찢겨 가혹하게 착취당하는 모습이다. 영토, 주권, 민족적 정체성의 견지에서 서안지구를 가자지구와 비교해본다면, 서안지구가 훨씬 더 고통스럽다는 사실을 알 수 있다. 이 분리장벽 건설을 통해서 이스라엘은 9.5퍼센트를 이스라엘 본토로, 8퍼센트는 서안 내부의 점령촌으로 합병하였다.

2007년까지 자료를 보면, 동예루살렘의 20만 명을 포함한 45만 명 이상의 점령민들을 보호하는 이스라엘 보안대(우리로 치면 헌병대 같은 곳)가 검문소 570개 이상을 설치해 서안의 모든 도로를 통제했다. 서안의 28.5

Palestine

• 높은 장벽에 둘러싸인 서안지구의 한 점령촌. 점령촌 보호를 구실로 이스라엘은 사실상 자신들의 국경을 점점 넓히고 있다.

: 서안 비두 지역에서 점령촌 건설 반대 투쟁을 벌이는 팔레스타인 사람들. 이스라엘 점령민들도 맞불 시위를 벌이고 있다.

퍼센트를 이루는 요르단 계곡 지역은 이스라엘이 완전히 지배하고 있고 팔레스타인인들은 출입할 수 없게 되었다. 점령민 3,500~4,000명이 이 지역 수자원의 85퍼센트를 지배하는 반면, 팔레스타인인들은 요르단 계곡 지역에 있는 자신들의 소유지에 접근할 수조차 없다.

이런 고통스런 상황을 극복하고, 점령 상황을 끝내기 위해 팔레스타인 시민사회 활동가들은 팔레스타인인들이 들고일어날 것을 요구한다. 그러나 1990년대 이후 지금까지 이스라엘과 팔레스타인인들 사이에서 수많은 협상이 진행되었고, 진행되고 있지만, 팔레스타인 독립국가를 건설하는 일은 거의 실현 불가능한 것처럼 보인다.

Palestine

"우리는 그저 기도하러 가는 사람들이에요"

| 서정환 |

칼란디야는 팔레스타인 서안지구와 동예루살렘을 잇는 길목이다. 이곳에도 여지없이 검문소가 있다.

라마단 기간이 되면, 팔레스타인인들이 예루살렘에 가는 것이 허락된다. 이 때문에 라마단 기간 금요일이면 칼란디야 검문소 앞은 아수라장이된다. 예루살렘에 있는 알아크사 사원에 가서 기도를 올리기 위해 사람들이 몰려들기 때문이다. 이슬람교도들에게 라마단은 천국이 열리는 신성한달로, 알라가 대천사 가브리엘을 통해 이슬람교도 창시자 무하마드에게《코란》을 계시한 달이라고 한다. 금요일 역시 《코란》에서 지목한 성스러운 날로, 이슬람교도들은 매주 금요일에 사원에 모여 예배를 올린다. 그래서 이슬람교도들은 라마단 기간의 금요일만큼은 무함마드가 태어난 메카나 그의 묘가 있는 메디나, 그가 신의 계시를 받은 알아크사 사원 같은이슬람 성지에서 기도를 올리고자 한다.

예루살렘에 가려고 서안지구 각지에서 몰려든 차량. 멀리 분리장벽이 보인다.

이 무렵 알아크사 사원에는 이슬람교도들이 무려 9만 명이나 모이는데, 이 중 6만 명이 서안지구에 사는 팔레스타인인들이다. 서안지구에서 알아크사 사원을 예방하려는 이슬람교도들은 누구나 할 것 없이 엄격한 검문 절차를 거쳐야 하는데, 칼란디야 검문소는 3만 명 이상이 이용하는 것으로 추산된다. 평소에도 '병목' 현상을 보이던 검문소는 라마단 기간이 되면 더욱 잘록한 '모래시계' 모양을 띤다.

그렇다고 칼란디야 검문소 문이 팔레스타인인 모두에게 열리는 것은 아니다. 남자는 50세, 여자는 기혼자는 30세, 미혼자는 45세 이상이 되어야 한다. 즉 '테러를 범할 우려가 없는 자'를 골라내어 들여보내는 것이다.

Palestine

예루살렘에 가려고 검문소로 몰려든 사람들(왼쪽)과 그 틈에 끼여 고통스러워하는 여성(오른쪽).

'생지옥' 체험
:

2009년 라마단의 네 번째 금요일인 9월 11일 아침 8시 반.

칼란디야 검문소에서 라말라 시 방향으로 약 1.5킬로미터 되는 도로의 구간은 서안지구 각지에서 몰려든 버스와 승합차들이 들어차 아예 주차장이 되어버렸다. 사람들은 차 사이사이를 걸어 도로의 맨 앞쪽으로 모여들었다. 여성 수천 명이 검문소 쪽을 애타게 바라보며 무리 지어 서 있었다.

가까이 다가가 보니 사람들은 반원 모양을 이루고 있었다. 모두 예루살렘 방향으로 난 '좁은 문'에 좀더 가까이 가려다 보니 그렇게 된 것이다.

사람들 사이는 칼날 하나 들어갈 틈 없이 빽빽했다. 뒤쪽에 있던 사람들
은 조금이라도 더 앞으로 다가가려고 슬며시 앞사람을 밀고, 그 힘이 점
점 앞쪽으로 쏠려 중간쯤에 있는 사람들은 서 있는 것이 아니라 '짓눌려
있다'고 표현하는 것이 더 정확하다.

　사람들의 맨 앞에는 1차 관문이 있다. M4소총으로 무장한 이스라엘 군
인과 경찰들이 두꺼운 콘크리트 바리케이드 안에서 경계하면서 그 문을
지키고 있다. 나는 사람들을 뚫고 1차 관문 너머 기자들이 가장 많이 몰
려 있는 곳으로 가기로 마음먹었다. 한국에서 대규모 집회가 있을 때 복
작복작한 대열 사이사이를 걸어 다니며 취재했듯이, 어떻게든 헤쳐 나갈

Palestine

이스라엘군에게 신분증을 내보이며 통과시켜달라고 사정하는 여성.

수 있으리라 생각한 것이다.

하지만 막상 내가 뛰어든 곳은 '생지옥'이었지, 그냥 사람들이 운집해 있는 곳이 아니었다. 탈진해서 쓰러져 사람들에 깔린 사람, 곧 숨이 넘어갈 듯이 헐떡거리는 사람, 어른들 사이에서 연약한 뼈마디와 근육이 짓눌려 비명을 지르는 어린아이들⋯⋯.

이 생지옥에서 빠져나갈 수 있는 몇 안 되는 방법 중 하나가 기절하는 것이다. 들것이 사람들 머리 위로 전달되면, 환자는 거기에 실려 또 사람들의 머리 위로 넘겨지고 넘겨져 바깥에 대기 중인 구급차로 옮겨진다. 물을 가진 사람들이 간간이 사방에 물을 뿌려댔다. '정신 잃지 말고 힘내자'는 뜻이다. 그러나 내게는 그 물이 고문당하다가 혼절한 사람에게 고문관이 뿌려대는 것 같았다. 이 생지옥에 뛰어든 것을 후회했지만 되돌아 나갈 수도 없는 상황이었다.

그런데 단숨에 헤쳐 나갈 길이 나타났다. 갑자기 무리의 오른편에 서 있던 여성들이 비명을 질러대며 흩어지는 것이다. 무슨 일인가 싶어 공간이 생긴 곳으로 가봤더니, 이스라엘 군인과 한 팔레스타인 여성이 '몸싸움'을 벌이고 있었다. 아마도 여성은 생지옥 같은 상황에 화가 치밀어 올랐을 것이다. 여성은 즉시 체포되었고, 그를 응원하던 다른 여성들은 곧 험악한 이스라엘 군인들의 눈길을 피해 뒤로 물러났다. 그 틈을 타서 나는 이스라엘 군인들과 함께 곧장 2차 관문의 뒤편으로 나갈 수 있었다.

1차 관문에서 사람들이 빠져나가는 속도는 까다로운 최종 검문소에서 사람들이 빠져나가는 속도에 비례했다. 사람들은 아기 오줌발처럼 찔끔찔끔 빠져나왔다. 이렇게 1차 관문을 빠져나와 또 한참을 기다린 끝에 2차 관문에서 기본적인 심사를 거친다. 이스라엘 시민권을 가진 사람이나, 직장이나 학업 때문에 특별히 예루살렘 출입 허가증을 가진 사람, 아니면 앞에서도 말했듯이 남자는 50세, 여자는 기혼자는 30세, 미혼자는 45세 이상이어야 2차 관문을 통과할 수 있다.

힘없는 노인과 여자만 통과할 수 있는 문

⋮

2차 관문을 빠져나오면 드넓은 광장이 있다. 사람들로 빼곡한 1, 2차 관문 앞과는 대조적으로 광장은 황량하리만치 썰렁하다. 이스라엘이 이

Palestine

● 검문대까지 가려면 쇠창살로 된 통로를 지나야 한다.
⠿ 검문 절차에 지쳐 잠시 철문에 기대 쉬고 있는 남성.

광장을 공터로 썩히면서도 정작 관문 두 개는 그렇게 비좁게 설치한 이유는 '사고'를 막기 위해서다. 사고란 팔레스타인인들끼리 깔리고 밟히는 것이 아니라, 불만에 찬 군중들이 한 자리에 모여 일시에 시위를 벌이는 등 단체로 모종의 '액션'을 취하는 것을 뜻한다.

어쨌거나 이 그늘 한 군데 없는 광장은 예루살렘으로 가는 길 중 절반의 선을 넘은 사람들이 잠시 숨을 돌리는 곳이다. 광장 한쪽에는 구급차 3대가 대기하고 있었는데, 구급차 안팎에서는 탈진한 사람들이나 가벼운 찰과상을 입은 환자, 심지어 이유 없이 난폭하게 군 이스라엘 군인에게 어깨와 가슴팍을 얻어맞은 여성들이 치료를 받고 있었다.

광장은, 힘들게 사선을 넘어온 아내와 남성용 출입구를 통해 미리 들어온 남편이 조우하는 곳이기도 하다. 여성용 관문에서 약 200미터 떨어진 곳에 있는 남성용 출입구는 전혀 다른 세상처럼 한가한 모습이다. 쉰 살이 넘은 남성 중에서 그 멀고 험한 길을 건너 예루살렘에까지 가려는 사람은 그리 많지 않기 때문이다.

툴카름^{Tulkarm} 지역에서 새벽 5시에 출발한 자말(55세)은 관문을 통과해 오전 7시 반쯤 광장에 이르렀다. 하지만 10시가 넘은 그 시각에도 아내가 관문을 통과하지 못해 광장에서 계속 기다리고 있었다. 자말은 "보세요. 우리는 그냥 기도하러 가는 사람들이에요. 도대체 우리가 뭘 할 수 있다고 저러는 거죠? 보세요. 이것이 바로 팔레스타인이에요."라며 비감에 젖었다.

안타깝게도 이스라엘은 자국의 '안보'를 내세워 칼란디아에서 팔레스타인인들을 통제하는 것을 정당화한다. 국제법에 따르면, 이스라엘은 칼란디아나 동예루살렘에 대해 어떤 권리도 갖고 있지 않다. 그런데도 장벽

Palestine

과 검문소를 세우고 군대와 경찰을 배치해 팔레스타인인들의 걸음을 가로막는 것이다.

이스라엘 안중에 국제법과 상식은 없다. 칼란디야 검문소에는 유엔에서 파견된 인권감시원이 몇 명 배치되어 있는데, 이스라엘군과 경찰은 이들을 전혀 의식하지 않는다. 오히려 이들이 팔레스타인 여성이 체포되거나 부상당한 현장에 접근하려고 하면 성질을 내며 "저리 꺼져!"라고 을렀다. 한 경찰은 이들 곁에 있던 나에게도 "한 번만 더 내 사진을 찍으면 감옥에 갈 줄 알라"고 위협했다.

검문소를 통과한 팔레스타인인들이 예루살렘에 머물 수 있는 시간은 오후 3시까지다. 이후에는 예루살렘에서 칼란디야 검문소까지 오는 대중교통편 운행이 금지된다. 이 역시 예루살렘에 한꺼번에 많은 팔레스타인인이 모이는 것을 막기 위한 이스라엘의 조치다. 이토록 철저한 감시와 통제 속에 자존심과 존엄성을 모두 빼앗긴 채 알라 앞에 엎드린 팔레스타인인들. 그들은 과연 '평화'를 염원하는 기도를 올릴 수 있을까.

원수 같은 점령민 이웃

| 서정환 |

헤브론^{Hebron}은 서안지구에서 가장 큰 도시로, 유대인과 이슬람교도 모두의 아버지인 아브라함 묘가 있는 곳이다. 즉, 이스라엘인과 팔레스타인인 모두에게 가장 중요한 성지다. 이 때문에 헤브론은 팔레스타인인들과 이스라엘인들 간의 갈등이 가장 심한 곳이다. 물론 점령촌 문제는 매우 정치적이다. 모든 정치적인 행동 뒤에는 어떤 명분이 있어야 하는데, 이스라엘은 헤브론에서 종교를 명분으로 내세웠다. 그렇다 보니 헤브론으로 이주해오는 유대인들은 가장 극우적이며 공격적인 성향을 가지고 있다.

점점 설 곳을 잃어가는 팔레스타인인들

1990년대 초반부터 헤브론에 점령촌이 들어서기 시작했는데, 2000년

Palestine

헤브론 거리. 분리대 왼쪽은 팔레스타인 구역, 오른쪽은 유대인 구역이다.

까지만 해도 팔레스타인인들은 헤브론을 통행하는 것이 가능했다. 그러다 2000년 9월, 2차 인티파다가 일어나면서 통행이 완전 금지되었다. 이 때문에 직장과 학교, 집이 점령촌 반대편에 있는 팔레스타인인들은 수킬로미터를 돌아서 오갈 수밖에 없다.

우리 재래시장을 연상시키는 카스바흐 Casbah 시장 골목은 아브라함 묘와 구시가지를 잇는 길목인데, 이곳 구조는 매우 독특하다. 서안지구의 점령촌들은 울타리나 콘크리트 장벽 몇십 미터 안쪽에 건설되는 것이 보통인데, 이곳에서는 팔레스타인 주민들과 점령민들이 아예 아래위 층에 살고 있다. 이 시장의 남서쪽 블록은 점령촌을 끼고 있는데 이 블록의 가장자리 건물 1층에 팔레스타인인들 상점이 들어서 있고 2, 3층에는 점령민들이 산다. 출입구도 별도로 나 있어, 점령민과 팔레스타인인들은 전혀 왕래와 접촉을 하지 않고 따로 살아갈 수 있다.

어차피 점령민 대 원주민인지라, '이웃사촌'처럼 오순도순 살 수는 없을 것이다. 그렇더라도 기왕 아래위에 사니, 서로 해를 끼칠 것까지는 없지 않을까. 그러나 점령민들은 그럴 생각이 별로 없다는 게 문제라면 문제다. 창문을 통해 시장 상인과 행인들에게 물을 뿌리고, 쓰레기를 내다 버리며 심지어 돌, 금속덩어리 같은 위험한 것까지 떨어뜨리곤 한다.

시장에서 만난 사미 낫셰(52세)는 바로 이렇게 난폭한 점령민을 위층에 두고 장사를 하고 있었다. 낫셰는 "어제도 이스라엘 사람들이 먹다 남은 수박을 던져 팔아야 할 새 옷을 버리고 말았다"며 "시도 때도 없이 물이며 돌을 던지는 통에 상품을 늘어놓거나 마음 편히 시장 안을 돌아다닐 수도 없다"고 호소했다.

시장 위쪽에 설치된 그물망(왼쪽). 위층에 사는 점령민들이 시장 골목에다 쓰레기나 돌, 쇠붙이 따위를 던져 짜낸 고육책이다. 그물망 위에 쓰레기, 돌 등이 보인다(오른쪽).

점령민들을 엄호하는 이스라엘 군대

⋮

이런 점령민들 뒤에는 물론 이스라엘 군대가 있다. 한 번은 화를 참지 못한 청년이 짱돌을 집어 들어 위쪽으로 던지는(실제로 던지지는 않고) 시늉을 했는데, 감시카메라로 이를 지켜본 이스라엘군이 즉시 그 청년을 체포해가기도 했다.

카스바흐 시장 주변 건물들 옥상에는 최소한 감시 초소 한 개와 감시카메라 3대가 설치돼 있다. 이 정도로 이스라엘군은 삼엄하게 경계한다. 물론 이스라엘군의 임무는 점령민을 보호하는 것이라, 점령민들이 팔레스타인인에게 가하는 폭력은 바로 코앞에서 보고도 신경 쓰지 않는다. 무슨 이유에서인지 팔레스타인 경찰의 통행도 금지하고 말이다. 결국 피해를 입은 팔레스타인인들은 억울함을 호소하거나 법적인 구제를 받을 길이 전혀 없다.

팔레스타인 자치정부가 몇 년간 고민 끝에 고육책으로 내놓은 것이 시장 골목 위쪽에 그물망을 설치하는 것이었다. 이후 좀 나아지긴 했지만, 오수가 쏟아지면 이 그물망도 무용지물이다.

2009년 9월 8일, 이스라엘 카츠^{Katz} 교통부장관은 "점령민들이 이용하는 도로를 개선하기 위해 수백만 셰켈을 투입할 것"이라고 밝혔다. 서안지구에서 헤브론을 확고하게 장악하겠다는 이스라엘 정부의 속내가 드러나는 대목이다.

하눈 씨 이야기

팔레스타인에 머무는 동안 나는 이스라엘의 예루살렘 점령정책을 보여
주는 구체적인 사례들을 어렵지 않게 접할 수 있었다.

예루살렘에 도착한 다음 날인 2009년 8월 19일, 동예루살렘 알자하라
^{Aljahara} 거리에서 살렘 하눈(64세)을 만났다. 하눈과 그의 형제 등 일가는
아버지 때인 1947년, 유대인이 살다가 떠난 지금의 집을 운스콥에서 불
하받아 60년 동안이나 살아왔다.

위임통치권이 영국에서 유엔으로 넘어간 직후만 해도 유대인과 팔레스
타인인들은 비교적 평화롭게 함께 살았다. 하지만 양쪽 지도자들은 그 상
황을 썩 반기지 않았다. 유대인 지도자들은 팔레스타인과 유대인 사회를
나누려 했고, 팔레스타인 지도자들은 그런 분할안을 반대하며 오히려 팔
레스타인 땅에서 유대인들을 내쫓으려고 했다. 이런 정치적 암투가 벌어
지자 유대인과 팔레스타인인들은 주로 큰 도시를 중심으로 점차 자기들끼
리 헤쳐 모여 살게 되었다.

하눈이 살던 집의 전 주인은 요르단으로 이주한 것으로 전해지며, 그
빈집에 합법적으로 하눈의 선대가 들어와 살기 시작했다. 그런데 2009년
8월 7일 이스라엘 경찰이 하눈 일가를 강제로 쫓아낸 것이다. 원래 주인
이 유대인이었으므로 그들이 불법으로 거주한 것이라는 억지 주장을 펴면
서 말이다.

현재 하눈 일가는 집을 돌려줄 것을 요구하며 집 건너편 길가에서 먹고
자는 '노숙 농성'을 벌이고 있다. 무려 60년 이상 살아온 집을 되찾기 위
해 하눈과 그 형제들은 법정 소송도 진행 중이다. 그러나 법정은 두 눈을

Palestine

• 이스라엘 정부와 유대인에게 집을 빼앗겨 노숙을 하고 있는 하눈과 그의 가족들.

⋮ 담배를 문 하눈이 빼앗긴 집을 바라보고 있다.

가린 정의의 여신이 아닌, 적의의 눈빛을 시퍼렇게 부라리고 있는 이스라엘 판사들이 있는 곳이다. 아니, 애초에 하눈 일가에게 집에 대한 권리가 없다는 판결을 내린 곳이다.

하눈의 '내 집 찾기'가 더욱 절망적인 이유는, 이것이 단지 하눈 일가에게만 닥친 특별한 일이 아니라는 것이다. 예루살렘 전체를 장악하려고 이스라엘이 의도적으로 벌이는 정치적 조치라서이다.

동예루살렘은 1967년 전쟁 이후 이스라엘이 불법 점령한 곳으로, 유엔 등 국제사회도 이스라엘의 주권을 인정하지 않는 곳이다. 그런데도 네타냐후 이스라엘 총리는 "예루살렘 전 지역은 계속 이스라엘 통치를 받을 것"이라고 못 박았다. 동예루살렘을 결국 다 먹겠다는 뜻인데, 만약 그렇다면 동예루살렘을 무주공산으로 만드는 것이 아마도 그 뜻을 이루는 가장 손쉬운 방법일 것이다. 60년 전의 주택 소유 관계까지 들추어내 팔레스타인 사람들을 쫓아낼 정도로 이스라엘의 행태는 졸렬하지만, 이대로라면 머지않아 그들 뜻대로 되지 않을까? 실제로 팔레스타인 사람들을 비롯한 아랍인들이 거주하는 동예루살렘은 도처에 짓다 만 건물이 있고, 하루하루 지날수록 문을 닫는 가게가 늘어나는 등 눈에 띄게 쇠락하고 있다.

이러한 정치적 음모의 한가운데에서, 하눈 가족은 아침이면 머리맡을 질주하는 차들의 소음에 눈을 뜬다. 평화운동가 두세 명이 그들 곁을 지켜주고는 있지만, 수시로 찾아와 위협하는 이스라엘 경찰을 보면 주눅이 들 수밖에 없다.

Palestine

절반의 난민

| 서정환 |

2009년 8월 23일, 알아마리^{al-Ama'ri} 난민촌을 방문했다. 라말라에 바로 붙어 있는 곳이었다. 난민촌에는 예루살렘과 팔레스타인 전역에서 내쫓긴 사람들이 모인다. 그러니까, 예루살렘에서 노숙 투쟁을 벌이는 하눈 일가나 빌린 마을의 투쟁이 좌절될 경우 그들도 난민촌으로 오게 될 가능성이 높다. 주로 난민구호사업기구가 지원하는 집과 교육·의료 등의 서비스에 의존하는 난민촌은 서안과 가자 그리고 주변 아랍국에 넓게 자리를 잡고 있다. 중동전쟁을 직접 겪었던 사람들은 이제 소수만 남아 있고 지금은 그 2, 3세들이 거주하고 있다.

알아마리 난민촌에 사는 난민들의 처우 개선을 위한 조직 '주거회복을 위한 센터'에서 일하는 스물여덟 살의 청년 아흐마드는 이날 나를 데리고 다니면서 난민촌 구석구석을 보여주었다.

팔레스타인 문제에서 가장 풀기 힘든 것이 바로 이 '난민' 문제다. 1,

2차 중동전쟁으로 원래 팔레스타인 땅에 살던 아랍인들은 이리 쫓기고 저리 쫓기는 신세가 됐다. 그러다 지금의 서안, 가자지구 등 팔레스타인 자치지구와 요르단, 이집트, 레바논 등 인근 아랍국가 지역에 건설된 난민촌에 마지막으로 짐을 풀었다. 아마도 그들은 전쟁이 끝나면, 국제기구의 중재 속에 유대인과 팔레스타인인 지도자들 사이에서 평화협정이 맺어져 곧 고향으로 돌아갈 수 있으리라 생각했을 것이다. 난민촌이 '마지막' 정착지가 되리라곤 상상도 못했으리라. 팔레스타인 인구 1천만 명 중 약 절반인 460만 명이 난민으로 살고 있다.

알아마리 난민촌 집들은 내가 한때 잠시 일했던 어느 철거촌보다 주거 환경이 훨씬 열악했다. 벽돌에 회칠을 한 듯한 벽에 손을 문지르자 뿌연 먼지가 묻어 나왔고, 살짝 긁어도 모래 알갱이가 흩날렸다.

난민촌에 갇힌 사람들

난민촌을 관리, 운영하는 난민구호사업기구는 1960년대 말과 70년대 초반 사이에 빈 땅에 쳐져 있던 텐트를 걷어낸 뒤 벽돌집을 짓기 시작했다. 당장 다급해 시행한 공사였는데, 이스라엘-팔레스타인 문제가 60년 이상 해결되지 않으리라고는 누구도 생각지 못했을 것이다. 이 때문에 지금에 와서 왜 더 견고하게 집을 짓지 않았느냐고 탓할 수는 없는 일이다.

이스라엘-팔레스타인 문제가 조금도 해결될 기미 없이 시간만 흐르는 사이, 난민촌 인구는 점점 불어났고, 위태롭게 거듭 증축되면서 난민촌은 빈민가로 굳어졌다. 처음에는 고작 1천여 명에 불과했던 알아마리 난민촌

Palestine

알아마리 난민촌. 집이 빼곡하게 들어차 있다.

인구도 2009년 현재 약 1만 명에 이르렀다고 한다. 인구가 10배나 늘었으니 난민촌 부지도 엇비슷하게 늘어나야 했지만, 불행하게도 그렇지는 못했다. 난민들은 자신이 살던 집에 한 층을 더 올려 아들을 살게 하고 그 위에 또 한 층을 올려 손자들을 살게 했다. 자손들이 분가하면서 새 집이 필요해지면 이전 집에 바짝 붙여 더 지었다. 그 결과 알아마리 난민촌에는, 장정 십수 명이 밀면 넘어질 정도로 위태로운 3층(때로는 4층) 건물이 빼곡히 들어서 있다.

처음 이곳에 정착한 난민들은 물론이고 그 후손들까지 난민촌을 벗어나지 못하는 이유는 '자립'을 꿈꿀 수 없게 만드는 정치, 경제적 장애 때문이다. 서안지구의 실업률만 해도 약 16.3퍼센트로 매우 높은 편인데, 그 중 알아마리 난민촌의 실업률은 무려 35퍼센트에나 이른다. 팔레스타인인들이 일자리를 갖기는 매우 어렵다. 최근에는 라말라에 외국자본이나

허름하고 낡은 알아마리 난민촌 집들.

한층한층 위태롭게 쌓아올린 난민
촌 주택.

이스라엘 기업들이 많이 들어와 일자리가 다소 늘긴 했지만, 그 혜택을
누릴 수 있는 이들은 그야말로 일부다. 난민촌 주민들은 유엔 등 국제기
구의 구호에 크게 의존한다. 그런데 근래에는 이마저도 불안하다. 난민구
호사업기구 관계자는 "요르단이나 레바논 등 정말 '외국'에 있는 난민들
을 지원하기도 벅차다. 난민촌 사람들은 그래도 팔레스타인 자치지구 안
에 있지 않나. 이 때문에 그들을 난민으로 인정하기가 점점 더 어려워지
고 구호 역시 늘리기 어렵다"고 말했다. 실제로 나날이 구호 물자가 줄어
난민촌 사람들은 더 어려운 현실에 처해 있다.

Palestine

전사의 귀환

| 서정환 |

2000년 9월에 일어난 2차 인티파다 이후 팔레스타인인들은 여전히 정치적 권리와 인권 보장을 요구하고 있다. 이런 팔레스타인인들을 이스라엘군과 경찰은 수단과 방법을 가리지 않고 진압했다. 기껏 해야 짱돌이나 던졌을 사람들에게 이스라엘군은 최루탄을 수직으로 발사하고, 무쇠봉을 휘둘렀으며, 심지어 총격도 가했다.

지난 2007년, 갓 스무 살로 시위에 동참한 오마르 아벳도 이스라엘군의 총에 중상을 입었다. 가족들과 이웃들은 아벳이 다시 살아나 걸어 다닐 수 없으리라고 체념했다. 그래서 반년 만에 아벳이 기적처럼 병상에서 일어났을 때 가족들을 비롯한 알아마리 난민촌 주민들은 "천사가 아벳과 함께하신다"고 믿었다.

사실 2차 인티파다 때 총에 맞아 죽거나 부상당한 청년들이 적지 않다. 오마르의 형 아흐마드(27세)도 등과 양다리에 총을 맞아 평생 휠체어를

감옥에서 석방된 아들 아벳을 기다리는 부모.

벗어날 수 없는 신세가 되었다. 20대 중후반인 청년들 중 총이나 고무탄
환, 최루탄, 곤봉에 맞거나 이스라엘군을 피해 도망치다가 넘어지고 부딪
혀서 생긴 흉터 하나쯤 없는 이가 없을 정도다.

재판 없이 수감

　：

　총상이 특별한 일은 아니듯, 건강해진 아벳 같은 청년들이 감옥에 가는

것도 늘 일어나는 일이다. 어느 밤, 난민촌의 거의 가장자리에 위치한 아벳 집에 이스라엘군과 경찰이 들이닥쳐 아벳을 끌어냈다. 이를 막으려던 가족들은 이스라엘군의 총부리에 물러설 수밖에 없었다. 아벳이 끌려간 곳은 이스라엘 남부 네게브 사막에 있는 나파^{Nafha} 교도소였다. 팔레스타인 정치범이 많이 수감된 그곳에서 아벳은 재판도 없이 수감되었다.

지금까지 난민촌 주민 약 60명이 아벳과 같은 이유로 이스라엘 이곳저곳에 있는 감옥에 갇혀 있으며, 그중 14명은 종신형을 선고받았다. 5년 이상의 장기징역형을 선고받은 사람도 무려 서른 명이 넘는다.

2009년 8월 25일. 여전히 햇살은 따갑고, 난민촌 집 벽에는 늘 그렇듯 석회질 먼지가 소복하게 쌓여 있었다. 슬프고 고달픈 이 난민촌에도 이날은 경사가 생겼다. 아벳이 돌아오는 것이다. 형 무함마드(40세)는 동생을 맞이할 준비를 하느라 분주했다. 파타당의 열성 당원인 그는 집 골목을 팔레스타인 자치정부와 파타당의 깃발로 치장했고, 마흐무드 압바스 수반과 아라파트 전 수반의 사진 수십 장도 길게 엮어 걸었다. 색색의 전구를 이어 골목을 환하게 밝혔고, 동네방네 아벳의 귀환을 알릴 폭죽도 쌓아놓았다.

부엌에서도 손들이 바쁘게 움직였다. 아벳의 누이들은 아벳이 좋아하던 음식과, 손님들에게 내놓을 저녁상을 미리 준비하고 있었다. 올해 예순인 아벳의 어머니 입가에서는 미소가 떠나지 않았고 급기야 그녀는 손뼉을 치며 어깨춤까지 추었다. 아버지 오마르 파트마도 벽에 걸린 아벳의 사진을 자랑스러운 표정으로 올려다보곤 했다. 아벳의 사진은 살아 있는 팔레스타인 레지스탕스의 영웅 '람지 장군'의 커다란 사진과 나란히 걸려 있었다.

"너무나 기쁩니다. 아들을 만나면 얼굴에 입을 맞추어주고 꼭 껴안을 겁니다. 출소했으니 아들이 어서 결혼해서 자식 낳고 좋은 가정을 꾸려갔으면 좋겠습니다."

가족들은 오랫동안 아벳을 기다려왔다. 아벳의 경우엔 열흘에 한 번, 30분간 면회할 기회가 있었다. 그러나 아버지는 지난 1년 동안 아벳을 면회할 수 없었고, 맏형 무함마드가 유리벽 너머로 딱 두 번 아벳을 본 것이 전부다. 다른 형제와 누이들과는 열흘에 한 번 2분 정도 전화로 안부를 주고받을 수밖에 없었다. 팔레스타인인들은 대가족을 이루어 함께 살을 맞대며 사는 것을 좋아한다. 그런 그들에게 입을 맞출 수 없고 목소리도 들을 수 없는 가족 간의 생이별은 이만저만한 고통이 아니다.

이날, 이스라엘 경찰의 호송 차량은 어느 검문소를 지나 팔레스타인 지역인 서안지구 아무 곳에 아벳을 떨어뜨려 놓을 것이다. 동전 몇 닢만 쥔 아벳은 다급하게 공중전화를 찾거나, 이런 출소자들에게 매우 관대한 행인이나 어느 상점 주인에게 전화를 빌릴 수도 있다.

가족들은 아벳을 맞을 준비로 분주하면서도 거실 한쪽에 놓인 전화기가 울리지는 않는지 귀를 쫑긋 세우고 있었다. 오후가 되자 가족들은 더욱 초조해졌다. 이따금씩 걸려오는 전화에서 아벳이 아닌 다른 이의 목소리가 들릴 때마다 실망감은 더 커졌다.

오후 2시 50분. 또 전화가 왔다. 아벳의 큰누이가 눈을 동그랗게 뜨고 떨리는 손으로 전화를 받았다.

"알루?"

Palestine

갑자기 그녀가 폴짝폴짝 뛰기 시작했다. 아벳이었다. 드디어 걸려온 동생 전화에 곁에 있던 다른 누이와 아벳의 조카들도 덩달아 천장에 닿을 듯이 펄쩍펄쩍 뛰었다. 큰누이가 아벳에게 뭐라 묻고 대답을 들을 겨를도 없이 다른 동생이 전화기를 낚아챘다. 누이들은 그렇게 계속 전화기를 뺏고 빼앗기면서 아벳의 목소리를 확인했다. 마지막으로 전화기는 아버지 오마르에게 건네졌다. 자식들만큼이나 들뜬 오마르는 아벳에게 건강 상태와 위치를 물었다. 아벳은 헤브론에 있었는데, 차로 불과 1시간 정도 거리였지만 집까지 올 택시비가 없었던 모양이다. 물론 사정을 이야기하면 팔레스타인인 기사들은 흔쾌히 그를 집까지 데려다 줄 것이고, 온 가족이 흥분을 가라앉힐 때까지 요금받는 일을 기다려줄 것이다.

그러나 맏형 무함마드는 좋은 차를 빌려 아벳을 데리러 가기로 했다. 그리고 잠시 뒤 부모님을 태우고는 헤브론으로 내달렸다. 집에서는 누이들이 노래를 부르고 손뼉을 치며 춤을 췄고, 난민촌 사람들이 하나둘 아벳의 집으로 모여들었다.

전사의 귀환
:

늦은 오후로 접어들면서 햇살은 더욱 부드러워졌다. 누이들은 설레는 마음에 골목 어귀까지 나가 서 있고, 남자들은 난민촌 입구까지 마중을 나갔다. 큰북, 작은북이 어우러진 소리로 난민촌은 모처럼 흥에 겨웠고, 창밖으로 고개를 내밀고 또 한 영웅을 기다리는 사람들 모습도 보였다. 한 청년이 하늘에다 대고 권총으로 축포를 쏘았다.

온 동네 주민의 환영을 받으며 집으로 향하는 아벳.

4시 40분경. 난민촌 입구까지 마중 나간 남자들 눈에 언덕길을 내려오는 남색 자동차가 보였다. 누군가 차 안에서 손을 흔들고 있었다. 차가 멈추자 사람들이 차를 에워쌌다. 잠시 뒤 아벳이 문을 열고 내려섰다.

하필 라마단 기간이었다. 낮 동안은 물 이외에는 아무것도 먹을 수 없다. 아침부터 그때까지 아무것도 먹지 않아 허기지고 일하느라 힘들었을 텐데도 아벳을 둘러싼 사람들 얼굴에서는 전혀 그런 기운을 느낄 수 없었다. 사람들은 아벳에게 키스를 퍼붓고 포옹했다.

아벳은 먼저 출소한 친구, 휠체어에 탄 형, 처음 보는 조카들을 업고

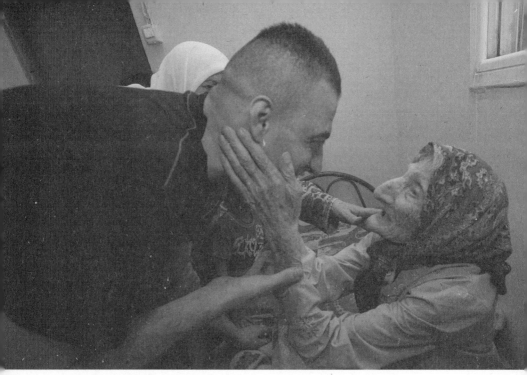

백 살이 넘은 할머니(왼쪽)와 기쁨에 들떠 춤을 추는 가족들(오른쪽).

있는 누이 그리고 반가운 이웃들과 연신 키스를 나누며 북을 치는 길잡이를 따라 집으로 행진했다. 아이들은 오랜만에 보는 삼촌에게 엉겨 붙었다가 아벳을 환영하며 공중으로 던진 사탕을 줍느라 흩어지기도 했다. 난민촌 사람들은 죄다 몰려 나와 인사를 나누었다.

아벳에게는 집 안이 아니면 만날 수 없는 사람이 있었다. 올해 107세인 할머니이다. 다행히 할머니는 깨어 있었다. 눈과 귀가 멀어 막내 손자를 알아보진 못했지만, 오늘 유독 할머니의 귀는 신나게 '웅웅' 거렸을 것이고, 무척 그리워하던 체온도 할머니 손에 전해졌을 것이다. 할머니는 자신의 이마에 닿은 또 다른 이마를 두 손을 힘겹게 들어 올려 감싸 안았다.

"아벳이 돌아왔어요. 아벳이에요. 아벳이라구요!"

가족들이 소리쳤다.

아주 오랜만의 경사였다. 금식 시간의 끝을 알리는 아잔 소리가 모스크
에서 울리자 색색의 먹음직스러운 음식들이 거실 테이블에 놓였다. 적지
않은 환영객들이 배부르게 먹고도 남을 양이었다. 하늘에서는 폭죽이 터
지고 아벳과 그의 형제, 친구들은 물담배를 나누어 피웠다. 아벳은 감옥
에서 겪은 일을 이야기하랴, 찾아오는 사람들과 키스, 포옹하랴 정신이
없었다.

남자들이 골목에 모여 물담배를 피우는 사이 여성들은 널찍한 거실에서 한판 춤판을 벌였다. 조카들은 엄마가 시킨 대로 아벳 삼촌을 거실로 끌고 와 그 춤판에 밀어넣었다. 어머니도 아버지도 손에 손을 잡고 원을 그리며 춤을 추었다. 아벳에게는 공부면 공부, 일이면 일, 앞으로 무엇을 하든 자신을 믿고 사랑해줄 가족들이 있고, 팔레스타인 자치정부도 아벳이 선택한 길을 제도적으로 뒷받침해줄 것이다.

그러나 팔레스타인에는 아벳 같은 이를 둔 가정이 많다. 정확한 집계는 어렵지만 국제엠네스티나 비첼렘[B'Tselem] 같은 인권단체의 집계를 종합해보면, 이스라엘 감옥에는 팔레스타인 정치범 1만 2천여 명이 수감되어 있다 (2015년 현재 그 수는 6,800명 정도로 추정된다). 그중 절반은 아벳의 경우처럼 재판도 없이 수감되었다. 감옥 환경은 너무 열악해 아동과 여성 수감자들이 큰 고통을 겪고 있다.

수아파트, 잊힌 사람들

| 홍미정 |

2007년 2월 8일 아침 나는 동예루살렘에 있는 난민촌 수아파트를 방문했다. 예루살렘 구시가지에서 버스를 타고 10여 분 만에 난민촌에 도착했다.

버스에서 내리자 10여 명쯤 되는 10대 소년들이 나를 둘러쌌다. 그중 덩치 큰 아이가 나에게 "어디서 왔어요?" 하고 물으면서 태권도 하는 폼으로 내 얼굴 가까이에 발길질을 했다. 순간 나는 겁에 질렸다.

버스에서 함께 내린 아주머니와 아저씨들이 소년들에게 호통을 쳤고, 아이들은 흩어졌다. 조금 있자 난민촌에서 일하는 아말이 마중 나왔고, 그와 함께 마을로 들어갔다.

성급했던 첫인상

運동장에서 서성거리고 있는데, 느닷없이 축구공이 날아들어 얼굴을 강타했다. 왈칵, 눈물이 솟구쳤다. 이곳 아이들은 다른 지역 아이들에 비해 정말 예의 없고 거칠다는 생각이 들었다. 잠시 후 유모차의 아기를 돌보고 있던 아이가 다가왔다. 나에게 축구공을 날린 그 아이였다. 내가 아기를 보며 동생인지 묻자 아이는 "아니에요. 얘는 부모도 형제도 없어요"라고 대답했다.

이곳 아이들은 대부분 고아거나, 부모가 있더라도 이스라엘 감옥에 있거나, 생활능력이 전혀 없는 마약 중독자이거나 성매매 여성들이다. 이스라엘은 동예루살렘에서 문제를 일으킨 팔레스타인 주민들을 수아파트 난민촌으로 몰아넣는다. 아이들은 어른들 사이에서 마약 중개도 하고, 일부 어린이들은 마약도 흡입하지만 이를 제지하는 사람들은 없다.

아이들에게 팔레스타인 전통과자를 나누어주려고 했더니, 다 받지 않고 뒷걸음질만 했다. 무안해 아말에게 이유를 물으니 수줍어서란다. 정류장에서 발길질한 것도 내게 친근함을 표시하려고 태권도나 쿵후 등을 선보인 것이라고 했다.

한 아이가 나에게 초콜릿 두 개를 슬쩍 내밀었다. 사양하다가 도리가 아니다 싶어 받아 들었다. 아이들에 대한 미안함이 한꺼번에 밀려들었다.

수아파트에는 1만 8,000여 명이 산다. 이 중 절반은 예루살렘 영주권(하늘색 시민증)을, 나머지는 팔레스타인 자치정부 시민권(초록색 시민증)을 가지고 있다. 오슬로협정에 따르면 이 지역은 이스라엘 영역이다. 그러나 이스라엘은 가난한 팔레스타인 사람들이 밀집한 이 난민촌을 분리장벽으로 둘러싸서 고립시켜버렸다. 그 때문에 이스라엘 정부도, 팔레스타인 정부도 이 지역 주민들을 경제적, 행정적으로 관리하거나 지원하지 않는다.

이 난민촌에는 유엔이 지원하는 초등학교, 중학교, 고등학교와 의료지원센터가 하나씩 있을 뿐이다. 의료지원센터의 경우 오전 8시부터 오후 2시까지만 진료한다. 이스라엘 정부도, 팔레스타인 정부도 난민촌 주민들의 교육과 복지 등에 전혀 관심을 보이지 않는다.

이스라엘은 수아파트뿐만 아니라 자신들의 영역이라고 이름붙인 곳에 포함되는, 팔레스타인 사람들이 밀집한 지역 곳곳을 이중삼중의 분리장벽으로 고립시킴으로써 마을 단위로 거대한 감옥을 만들고 있다. 분리장벽 공사는 계속되고 있으며, 이 과정에서 팔레스타인 사람들의 집이 수없이 부서지고, 이산가족이 생기기도 한다.

제 감옥을 짓는 사람들

⋮

라말라 인근을 지나는데 불도저 소리가 요란했다. 분리장벽 공사 현장이었다. 그곳을 지나가면서 동료 아이샤에게 공사장 인부들이 누구인지 물었다. 아이샤는 "노동자 대부분이 팔레스타인 사람들"이라고 대답했다. 자신들의 고향을 부수고 강탈하는 일의 최전선에서 일하는 노동자들이 다름 아닌 팔레스타인 사람들이었던 것이다.

묵고 있는 동예루살렘에 있는 호텔로 돌아왔다. 호텔에서 일하는 팔레스타인인 몇몇 직원과 분리장벽을 비롯한 일상생활의 어려움에 대해 이야

Palestine

기를 나누었다. 이들은 서안에서 거주하고 있고, 임시 근로허가증을 얻어 이스라엘에서 월 50만 원 정도를 받으며 일하고 있다.

　사진을 찍고 인터뷰한 내용을 노트에 적자 사람들 낯빛이 달라졌다. 왜 쓰느냐고 묻기에 신문에 나갈 거라고 대답하자 모두 겁먹은 표정이다. "이거 나가면, 여기서 일하기 어려워요. 서안에서 일하는 사람들은 우리보다는 자유롭게 말할 수 있을 거예요" 하면서 사진을 지워달라고 요구하고는, 총총히 자리를 떴다. 이들을 비롯한 대개의 팔레스타인 사람에게 하루하루 가족의 생계를 유지하는 일은 무엇보다 중요하다.

존재하지 않는 사람들

| 홍미정 |

2003년 이후 미국의 이라크 공격과 점령으로 이라크에 거주하는 팔레스타인인 3만 4,000여 명이 강제로 쫓겨났다. 1948년 팔레스타인에서 이스라엘 건국과 함께 토착 팔레스타인 주민의 90퍼센트인 90만 명 정도가 축출되었던 대참사가 이라크에서도 되풀이된 것이다. 쫓겨난 팔레스타인 난민은 대부분 정착할 곳을 찾지 못하고 이라크 국경 부근에서 머물고 있다. 바그다드에서 쫓겨난 한 팔레스타인 난민은 "한 무리의 이라크인들이 '너희들은 팔레스타인 사람들이다'고 외치면서 저와 아버지를 공격했습니다. 그러면서 바그다드를 떠나라고 강요했죠"라며 당시 상황을 말해주었다.

　2007년 3월 14일 팔레스타인 난민부는 "이라크에 거주하는 팔레스타인 난민들이 지난 2월에만 31번 공격을 받아서 8명이 살해되었다"고 밝혔다. 이 공격은 미군과 이라크 무장단체들이 주도했으며, 적어도 팔레스타인인 15명이 납치되었다. 이 중 두 명만 석방되었다. 다른 두 명은 사

팔레스타인인들은 자신들의 의지와 상관없이 중동지역 정치적 상황에 따라 이리저리 떠도는 난민이 되었다. 사진은 1948년 1차 중동전쟁 당시 쓰인 이스라엘군 탱크.

체로 발견되었는데 온몸에 고문 흔적이 역력했다. 그 외 사람들은 생사를 전혀 알 수 없다. 이라크에 거주하던 팔레스타인인 135명은 시리아로 피신해 이라크―시리아 국경 근처에 만들어진 난민촌에서 생활하고 있다.

2003년 현재 이라크에는 팔레스타인인이 약 9만 명 거주해왔다. 이들은 1948년 이스라엘 건국 과정에서, 1967년 3차 중동전쟁과 1991년 걸프전 중에 쫓겨온 사람들이다. 그런데 2003년 미국의 이라크 침공 이후 또다시 난민이 되어 전쟁을 피해 유랑하는 신세가 됐다. 이들은 난민구호사업기구에 난민으로 등록되지 않아서 이 기구의 원조도 받지 못한다.

정세에 휘둘리는 사람들

현재 이라크에 거주하는 팔레스타인인들은 대부분 이라크에서 태어났지만, 시민권을 받지 못했다. 정기적으로 거주권 갱신 신청을 해야 한다. 자동차, 집, 토지 등을 소유할 수도 없다. 이런 팔레스타인인들이 사담 후세인의 통치하에서는 보호를 받았다고 한다. 정부에서 주택을 제공해주었고, 개인한테서 주택을 임대할 때에는 정부에서 보조금도 지급해주었다. 사담 후세인은 토지나 건물 소유자들을 압박해서 저가로 팔레스타인인들에게 임대해주도록 했다. 이라크의 가난한 시아파 주민들이 팔레스타인인들이 후세인 통치하에서 특혜를 받았으며, 9만 명에 이르는 팔레스타인인들을 후세인 통치의 유물이라고 보는 이유도 여기에 있다.

후세인이 몰락한 후 이라크인 소유자들은 높은 임차료를 요구하면서, 후세인 정권에서 특혜를 누렸다고 생각되는 팔레스타인인 수백 명을 쫓아냈다. 바그다드의 경우 절반이 넘는 1만 9천명 이상이 쫓겨났고, 남아 있는 사람들은 살해되거나 납치, 협박 등에 시달리고 있다.

요르단에는 알루웨이셰드 al-Ruweished 난민촌이 있다. 이라크 국경 근처에 있는 이곳 난민들은 요르단 정부의 허가 없이는 떠날 수 없고, 아이들을 교육시키지도 못한다. 2007년 3월 14일 팔레스타인 난민부 장관인 아테프 아드완 Atef Adwan 은 "요르단은 이라크인 난민 60만 명은 수용하였지만, 폭력을 피해 이라크를 떠나온 팔레스타인 난민 280명이 요르단에 머무는 것은 거부하고 캐나다로 이주시키려 하고 있다"고 주장했다. 실제로 요르단 정부는 비팔레스타인 난민들은 기꺼이 받아들이면서 팔레스타인 난민들은 거부하고 있다.

Palestine

시리아는 2006년 이후 알홀^al-Hol, 알타나프^al-Tanaf, 알왈리드^al-Walid 등의 팔레스타인 난민촌에 이라크에서 쫓겨난 팔레스타인인들을 수용하고 있다. 그러나 팔레스타인 난민들은 합법적인 지위도 없고, 이동의 자유뿐만 아니라 일할 자유도 없다. 사실상 이들은 사람이 살지 않는 이라크—시리아 국경 근처에 있는 난민촌에 갇힌 죄수들이다.

현재 어떤 아랍국가도 이라크에서 쫓겨난 팔레스타인 난민에게 적절한 도움을 주지 않는다. 다만 팔레스타인 자치정부가 이들을 받아들일 의사를 표현했지만, 이는 거의 실현 불가능한 희망 사항이다. 자치정부조차 철저히 이스라엘에 감시받고 있기 때문이다.

시민권을 금지한 아랍연맹 지침

2004년 10월 사우디아라비아는 귀화법을 제정해, 사우디아라비아에서 10년 이상 거주한 사람 100만여 명에게 시민권을 주기로 했다. 그러나 이 법은 아랍연맹의 지침에 따라 50만 명에 이르는 팔레스타인인들은 배제했다. 아랍연맹은 '팔레스타인인들이 정체성을 잃지 않고 팔레스타인으로 귀환할 권리를 보장'하기 위해, 아랍국가들이 팔레스타인 난민들에게 시민권을 부여하는 것을 금지하고 있다. 이 때문에 현재 요르단을 제외한 어떤 아랍국가도 공식적으로 팔레스타인 난민들에게 시민권을 주지 않는다. 요르단에서조차도 팔레스타인 출신들은 사적이고 경제적인 부문에서만 권리를 행사할 수 있고, 정부기구 등 공적인 부문에서는 권리를 행사할 수 없다. 시리아와 레바논에서는 시민권을 받은 극소수의 팔레스타인인들도 정치적 권리를 행사하지 못한다.

1990년에 이라크가 쿠웨이트를 침공했을 당시 PLO가 이라크와 동맹을 맺었다는 이유로, 쿠웨이트와 아랍왕국들은 팔레스타인인 40만 명 이상을 일제히 추방했다. 이렇듯 팔레스타인인들은 자신들의 의지와 상관없이 중동지역에서 벌어지는 정치적 상황에 따라 이리저리 휘둘리고 있다.

사실상 모든 아랍국가에서 팔레스타인 사람들은 정치적으로는 이미 사망선고를 받았고, 존재하지 않는 이로 간주된다. 사우디아라비아를 비롯한 아랍연맹 소속 국가들은 팔레스타인으로 귀환할 권리를 보장한다는 명분으로 팔레스타인 사람들에게 시민권을 주지 않으면서도, 그 귀환을 위한 어떠한 노력도 하지 않는다.

걸프 지역의 아랍 부국들은 팔레스타인 난민들을 수용하지 않을 뿐만 아니라 굶주리는 팔레스타인 사람들에게 경제적인 원조도 거의 중단한 상태다. 실제로 아랍국가 권력자들은 팔레스타인 난민 문제를 해결할 어떤 의지도 없다. 단지 이스라엘이 주변 아랍국가들을 공격해 영토를 확장하려고 할 때 이를 막는 방패 혹은 완충 역할 정도로 팔레스타인 사람들을 생각하는 것 같다. 팔레스타인 사람들이 죽든지 살든지 그것은 이들의 관심사가 아니다.

1949년 12월 수립된 난민구호사업기구는 팔레스타인 난민을 '1946년 6월 1일부터 1948년 5월 15일 사이에 팔레스타인에 거주하던 사람들로, 이 중 1948년 아랍─이스라엘 전쟁 결과 집과 생계수단을 잃은 사람들과 이들의 부계 후손들'로 규정했다. 이후 1967년 전쟁에서 난민이 된 사람들이 추가되었다. 그러나 실제로 이 기구는 자신들에 등록된 요르단, 시리아, 레바논, 서안과 가자지구 난민들에게만 구호 활동을 함으로써 이라크, 이집트, 사우디아라비아 등 다른 지역 난민들은 배제하고 있다.

Palestine

3부

그리고 삶은 계속된다

딱히 먹고살 길이 없다

| 서정환 |

팔레스타인 고유 맥주 타이베.

팔레스타인에서는 기특(?)하게도 고유의 맥주가 생산되고 있다. 바로 '타이베^{Taybeh}'이다. 이름은 맥주가 생산되는, 기독교 공동체 마을 이름에서 따왔다. 맥주 맛은 아주 뛰어났는데 같은 도수의 외국 맥주들보다 더 부드럽게 넘어갔고 보리의 진한 맛도 살아 있었다. 도수는 우리 맥주보다 조금 높았다. 곡물이 거의 생산되지 않고, 이스라엘이 거의 모든 수자원을 통제하는 팔레스타인 현실에서 이런 맥주를 생산한다는 것은 '무^無에서 유^有를 창조'한 것이나 다름없다.

이슬람 사회에서는 원칙적으로 음주를 금지해 술 생산도 꺼린다. 그러

타이베 맥주공장 안 모습. 명성과는 달리 일주일에 한 번 제대로 가동된다.

다 보니 타이베가 중동에서 생산되는 유일한 맥주인데, 팔레스타인에는
아직 기독교 공동체가 남아 있기 때문이다. 나라 없는 팔레스타인인들은
독일과 일본 등지로 수출되는 이 팔레스타인산, 즉 'Made in Palestine'
상품에 큰 애정과 자부심을 가지고 있다.

중동 유일의 맥주공장

2009년 9월 3일, 타이베 맥주공장을 방문했다. 카페 테이블마다 놓여
있는 맥주병, 큰 도시의 중심지마다 눈에 띄게 자리 잡고 있는 맥주 광고

Palestine

팔레스타인의 경제 수도 나블루스의 한 재래시장. 팔레스타인에서 유통되는 상품들은 대부분 중국, 이스라엘, 요르단 등지에서 수입된 것들이다.

판, "정환! 우리 팔레스타인 맥주 맛있지 않아?!"라는 팔레스타인 친구들의 자랑…. 이런 것들 때문에 나는 공장에서 팔레스타인의 생기와 역동성, 경제성장의 가능성 등 팔레스타인의 긍정적인 일면을 찾아볼 수 있으리라 기대했다. 맥주병이 서로 '달그락달그락' 소리를 내며 이동하는 동안 세척·병입·라벨 작업이 일사천리로 진행되는 컨베이어 벨트, 공정이 끝난 맥주를 차곡차곡 포장해 주문처로 배송하는 출하장의 바쁜 손놀림, 국내외에서 걸려오는 전화를 받느라 분주한 사무실…. 공장을 방문하기 전 머릿속에 그려본 공장 풍경은 이러했다. 그러나 공장에는 정적만 흘렀다.

90여 평 남짓한 어둑한 공장에는 여직원 두 명만 앉아 있었다. 이들은 허연 김이 오르는 발효탱크를 지키고 있었다. 중동 유일의 맥주공장이었지만, 여과·병입·포장·반출이 이루어지는 것이 고작 일주일에 한 번이라고 했다. 공장을 안내해준 직원 말에 따르면, 직원이라야 15명이고 이들은 대부분 가족과 친지, 가까운 이웃이라고 했다. 조금 과장해서 말하면, 타이베는 '가내 수공업'으로 생산되는 셈이다.

이 공장은 2009년에 맥주 약 60만 리터를 생산해냈는데 이는 우리나라 대표적인 맥주 생산업체 'ㅇ'사 공장에서 반나절도 안 돼 생산할 수 있는 양이다. 이런 현실에 나는 적잖이 당황했다.

이후 나는 팔레스타인의 경제 중심지인 나블루스^{Nablus}와 헤브론을 여행하면서 팔레스타인 기업들을 더욱 열심히 찾아 나섰다. 그 과정에서 타이베가 팔레스타인에서 가장 인지도가 높지만 가장 큰 매출을 올리는 품목은 아니라는 사실을 알게 되었다. 다소 안심이 되었다. 그렇다고 팔레스타인 경제에서 희망을 더 발견한 것은 아니었다.

헤브론 공업지대를 지나면서 그곳에서 가장 큰 공장이 어디인지 수소문

풀이 있는 공터를 찾아 수도 라말라 시내를 거닐고 있는 목동. 도시화가 덜 돼 볼 수 있는 풍경이다.

한 끝에 노동자 47명을 고용하고 있는 '알샤르크^{Al Sharq} 전기회사' 공장을 찾아간 적이 있다. 전선과 철사, 용접봉 따위를 제조하는 이 소박한 공장의 관계자는 "우리 공장이 2008년에 무려 800만 셰켈(약 24억 원, 팔레스타인에서는 이스라엘 화폐인 '셰켈'을 쓴다)의 매출을 올렸다"며 자랑했다. 이 정도면 팔레스타인에서는 대기업에 속한다.

비정상적으로 비중이 높은 서비스업
⋮

이런 팔레스타인 산업 현실은 팔레스타인의 경제지표에서도 그대로 나타난다. 2009년 현재 국내총생산^{GDP}이 128억 달러, 1인당 GDP는 2,900

Palestine

라말라와 헤브론을 잇는 도로. 열악한 교통인프라는 팔레스타인 경제가 발전하는 데 가장 큰 장애물이다. 도로를 더 건설하거나 보수하려면 이스라엘로부터 허가를 받아야 한다.

달러 정도다. 이 수치는 2014년까지도 거의 그대로 유지됐다. 세계은행 World Bank 통계에 따르면 2014년 팔레스타인의 GDP는 127억 4000만 달러이며, 1인당 GDP도 2,960달러 수준이다. 공장도 없고, 중동에서는 흔한 석유도 한 방울 나지 않는 팔레스타인에서 사람들은 어떻게 먹고살까.

가장 정확한 표현은 '딱히 먹고살 게 없다'는 것이다. 2010년 팔레스타인 실업률은 무려 16.5퍼센트였다. 이 상황은 해가 갈수록 오히려 악화됐다. 세계은행과 국제노동기구 등의 2014년 조사에 따르면 팔레스타인의 실업률은 약 25퍼센트에 이른다. 지난 2010년, 한국에서는 10년 만에 최고 실업률을 기록했다고 하여 '고용대란'이라는 말이 유행했는데, 이때 한국의 실업률은 3.7퍼센트였다. 사실 중동지역의 실업 문제는 서방세계가 지구적 위험 요인으로 꼽을 만큼 심각하며, 이 지역 실업률은 공식 통계에 비해 많게는 2배까지 높게 잡아야 한다는 것이 상식이다. 그렇게 보면 팔레스타인의 실업률은 가히 '살인적'이라 할 만하다.

일자리가 절대적으로 부족한 상황에서, 팔레스타인인들이 가장 크게 생계를 의존하는 분야는 상업과, 정부와 비정부기구NGO 등이 제공하는 서비스산업이다. GDP의 81퍼센트, 고용의 68퍼센트가 서비스 분야에서 창출되고 있다. 저개발국가 중에서 이런 고용 구조를 가진 곳은 관광자원이 풍부한 동남아시아, 중남미 정도다.

팔레스타인에서 이렇게 비정상적으로 서비스업 비중이 높은 이유는 농업, 공업 분야에서 일자리를 찾지 못한 사람들이 대거 '장사'에 나서면서 어쩔 수 없이 나타난 현상이라고 볼 수 있다. 도시에 가면, 번듯한 상가에 가게를 차린 자영업자들과 재래시장에서 오밀조밀하게 모여 있는 시장 상인들을 흔히 볼 수 있다. 하지만 팔레스타인 관광지에 가면 노점상, 불법으로 영업하는 택시운전사, 프리랜서 여행 가이드 등도 손쉽게 찾아볼 수 있고, 거의 구걸에 가깝게 잡화나 기호식품 따위를 파는 어린이들도 심심치 않게 눈에 띈다.

서비스업 비중을 높이는 또 다른 원인은 해외 원조에 기댄 공공사업이다. 팔레스타인 경제는 원조에 절대적으로 의존하고 있다. 팔레스타인 난민구호사업기구, 유엔개발계획 UNDP 같은 유엔 산하 원조 기구와 세계은행, 적신월사^{아랍권의 적십자사} 등 각종 경제, 인도주의 기관에서 팔레스타인에 지원하는 돈은 매해 10억 달러를 넘는다. 예를 들어 팔레스타인의 교사와 의사들은 난민구호사업기구가 아니면 팔레스타인 자치정부가 설립한 학교나 의료원에 출근한다. 사립학교와 병원이 없는 것은 아니지만 1일 1달러 이하로 생활하는 빈곤 인구만 46퍼센트에 이를 만큼 가난한 팔레스타인 사회에서 별도의 비용을 부담해야 하는 사립 교육·의료시설은 기독교인이 많은 일부 도시에나 약간 있을 뿐이다. 유엔 기구와 유엔 산하 기관 외에도 라말라 시에만 약 1,700개의 정치·사회·교육·여성·문화 등 각 분야 NGO들이 설립되어 있어 당장의 일자리를 제공하는 데 일부 기여하고 있다.

임금은 낮고 물가는 높고

⋮

나는 라말라에서 니아즈, 사마라, 나딤이라는 팔레스타인 친구들과 함께 살았다. 이제 막 서른이 된 이 친구들 직업은 대학교수, 경찰 그리고 NGO 상근자였다. 팔레스타인 최고 명문인 비르제이트^{Birzeit} 대학을 나온

예루살렘 구시가지에서 빵을 파는 노점상인.

이들은 팔레스타인에서 '중산층'에 속한다. 니아즈는 라말라의 한 여자 대학에서 우리로 치면 '신문방송학과' 학과장이고, 사마라는 경찰서에서 계장쯤 된다. 나딤은 스위스에 본부를 둔 외교안보 관련 연구소에서 일하는데, 팔레스타인에서 NGO는 한국의 시민·사회단체와는 전혀 성격이 다르다. 대기업만큼 사람들이 선망하는 직장이다.

하지만 이들의 임금 수준은 그리 높지 않다. 니아즈는 약 700달러, 사마라는 초과근무수당까지 포함해 약 1,000달러, 나딤은 500달러 정도를 월급으로 받는다. 나딤 월급이 적어 보이지만, 9시에 출근해 오후 3시면 업무가 끝나고, 휴가도 자유롭게 쓸 수 있으니 적다고만 말할 수는 없다. 이에 비해 대학교수 니아즈는 업무 강도나 근무 시간, 근속 연수를 고려해보면 매우 보수가 적은 편이다. 이 때문에 니아즈는 나와 함께 사는 동안 동료 교직원들을 조직해 파업도 하고, 팔레스타인 교육부 청사 앞마당에서 임금 인상을 요구하는 시위도 벌였다.

고등교육을 받은 이들이 선망하는 직업의 급여 수준이 이 정도라면, 회사원이나 제조업 노동자, 자영업소 점원 등의 임금은 더 말할 나위도 없다. 앞서 팔레스타인의 대기업으로 소개한 알샤르크 전기회사 공장 노동자는 대부분 한 달에 300디나르(약 45만 원)를 받고, 소수의 숙련된 기술자나 영업담당자가 400~500디나르(60~70만 원)를 받는다. 화이트칼라 직종이라고 크게 다르지 않다. 비르제이트 대학에서 회계학을 전공한 한 졸업반 학생을 만난 적이 있는데, 그는 "좋은 회사에 회계사로 취직하는 것이 꿈이며 한 달에 약 500달러를 받고 싶다"는 소망을 밝혔다.

임금은 이렇게 낮은데, 물가는 높은 편이다. 9인승 승합차인 '세르비스'로 교외 지역에서 라말라 시내로 출근을 하거나 장을 보러 가는데 적

Palestine

어도 6세켈(약 1,800원) 정도가 들었다. 식당에서 제대로 된 식사가 아닌 간단히 케밥 하나와 콜라 한 캔으로 한 끼를 때울 때 14세켈(약 4,200원) 정도면 싼 편이었다. 팔레스타인 친구들과 차를 빌려 서안 일대를 여행한 적이 있는데, 그때 기름값을 확인하고는 입을 다물 수가 없었다. 1리터당 휘발유는 5.94세켈(약 1,800원), 경유는 5.18세켈(약 1,500원)이었다. 한국보다 150~200원 비쌌다. 석유가 나지 않는 나라이긴 해도 석유가 생산되는 국가와 바로 이웃해 살고 있는데 그렇게 비싼 게 도무지 이해되지 않았다.

팔레스타인 사람들은 요르단을 비롯한 주변 중동국가로 일거리를 찾아 나서기도 한다. 그러나 가장 많이 가는 곳은 자신들이 그토록 미워하는 이스라엘이다.

굴욕적인 삶

내가 머물던 집에 종종 마실을 오던 아흐마드 니머(33세)라는 친구는 예루살렘에서 이스라엘인이 운영하는 닭고기 가공장에서 일했다. 이스라엘 언어인 히브리어를 할 줄 아는 그는 매우 운이 좋은 편이다. 같은 일이라도 서안지구에서는 월급 800세켈(약 24만 원)밖에 받을 수 없는데, 예루살렘에서는 그 다섯 배인 4,000세켈(약 120만 원)을 받을 수 있기 때문이다. 그러나 제시간에 출근하려면 니머는 매일 새벽 4시에 일어나야 한다. 라말라 근처에 있는 잘라존^{Jalazone} 난민촌에서 살아 칼란디야 검문소를 거쳐야 하기 때문이다.

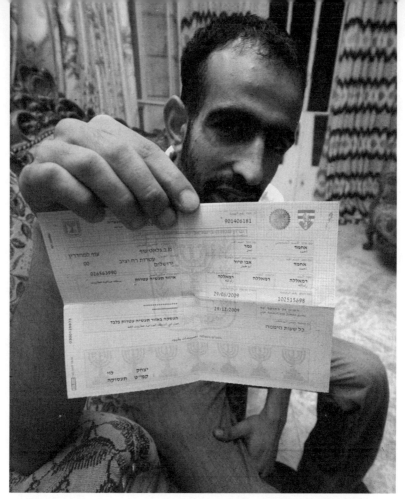

예루살렘 근로허가증을 들어 보이는 니머. 서안지구의 팔레스타인 사람들은 예루살렘에 출입할 수 없지만, 니머는 이 허가증이 있어 예루살렘 안의 이스라엘인 공장에서 일할 수 있다.

니머는 예루살렘 지역에 24시간 동안 머물 수 있는 근로허가증을 가지고 있었는데, 이것은 예루살렘 출입을 허락한다는 것이지 그 악명 높은 검문까지 면해준다는 증표는 아니었다. 종종 벌어지는 험악한 일들, 예를 들어 예루살렘이나 검문소 주변에서 시위가 벌어지거나 팔레스타인인이

Palestine

이스라엘인을 상대로 범죄나 사고를 일으키는 등의 사태가 벌어지면 니머는 출근을 할 수 없었고, 고스란히 하루 일당이 삭감되곤 했다.

나와 함께 지낸 경찰 사마라의 형 사벳은 건설노동자였는데, 그 역시 "이스라엘 지역에서 일할 때 수당이 가장 높다"며 "목숨을 걸고 장벽을 넘는 경우도 가끔 있다"고 말했다. 사벳은 나의 집요한 부탁에도 자신과 몇몇 동료만 아는 '개구멍' 위치를 결코 알려주지 않았다.

니머와 사벳의 경우는 그나마 덜 비굴(?)한 편이다. 높은 임금 때문에 굴욕을 참으면서 점령촌에서 허드렛일을 하는 사람들이 있는가 하면 심지어 팔레스타인인 자신들의 땅과 존엄성을 헤치는 줄 뻔히 알면서도 점령촌이나 분리장벽 건설 현장에서 일하는 이들도 있다.

수출입도 이스라엘이 통제

주지하다시피 팔레스타인의 경제상황이 이렇게 된 근본 원인은 이스라엘에 있다. 1993년 오슬로협정이 체결된 이후 서안과 가자지구의 경제적 통제권은 사실상 이스라엘이 쥐게 되었다. 즉 팔레스타인에서 공장 하나를 짓는다든지 원료와 완성품을 수입·수출하는 데 일일이 이스라엘의 허가를 받아야 한다는 뜻이다. 그러나 이스라엘은 자국의 '안보'를 이유로 거의 허가를 해주지 않았고, 이 때문에 팔레스타인 경제가 악화되었다. 일례로, IMF에 따르면 오슬로협정이 체결된 후 3년 동안 팔레스타인 자치지구에서 실업률이 2배 가까이 늘었고, 1인당 소득도 20퍼센트나 줄었다.

지금, 팔레스타인 경제는 더 나빠졌다. 이스라엘은 팔레스타인의 농지를 강제로 수용하여 점령촌을 확장하는가 하면 수원지水源地마저 독차지했다. 팔레스타인과 외국, 가자—서안, 서안—동예루살렘 간의 사람과 물자 이동도 철저히 통제하고 있다. 알샤르크 전기회사의 리에드 샤리프 기술매니저는 이런 현실에 대해 이렇게 말했다.

"전체 생산품의 40퍼센트를 국경을 마주한 요르단으로 수출하고 있는데 더는 수출량을 늘릴 수가 없습니다. 그 이유는 첫째, 팔레스타인의 상품을 구매해줄 곳은 다른 아랍국가들밖에 없는데 우리 생산품을 선적하려면 이스라엘 항구를 이용해야만 하기 때문이죠. 이스라엘 항구를 이용하는 모든 화물은 아랍어가 아닌 히브리어로 포장해야 하는데, 그렇게 되면 아랍국가들이 정치적인 입장 때문에 물건을 받을 수가 없습니다. 둘째, 이스라엘은 항구 이용료나 세금을 팔레스타인 기업들에게 특히 더 높게 매겨 요구합니다. 셋째, 팔레스타인 생산품을 이스라엘 영토로 반입시키는 허가 자체를 받아내기 힘듭니다."

이런 이스라엘 태도에 팔레스타인인인들은 반발하고, 이 때문에 양국 사이가 불안정해지면 이것 역시 팔레스타인 경제에 악영향으로 이어진다. 타이베가 너무 마음에 들어 회사 직원 마리 나딤에게 "한국에서 타이베 맥주를 수입하고자 하는 업체가 있다면, 안정적으로 물량을 공급할 수 있느냐"고 물은 적이 있다. 나딤은 "보장 못한다"고 잘라 말했다. "팔레스타인에 평화가 오지 않는 한 팔레스타인 상품의 수출 여부는 이스라엘의 결정에 달려 있다. 이스라엘이 정치적 상황에 따라 허가를 내줄 수도

Palestine

있고 거부할 수도 있기 때문"이라는 것이다. 제아무리 좋은 물건이어도 안정적으로 공급되지 않는다면 어떤 업체가 선뜻 그것을 수입하겠다고 나서겠는가. 나딤이 영업상 다소 불리할 수도 있는 이런 얘기를 숨김없이 말해준 것은 2차 인티파다가 일어날 즈음인 1999년 후반부터 십수 개월간 전혀 선적하지 못했던 경험이 있기 때문이다.

팔레스타인의 정치상황이 경제에 영향을 미친다는 건 다른 자료에서도 확인할 수 있다. 팔레스타인 투자회사인 '파디코^{PADICO}'의 2008년도 연례 보고서에 따르면, 2000년 2차 인티파다가 일어나기 직전 약 44억 5,000만 달러에 달하던 팔레스타인의 GDP가 2002년에는 32억 달러로 곤두박질쳤다. 이후 점차 회복되어 2005년에는 46억 달러에 이르렀지만, 2006년 총선에서 하마스가 승리하자 해외 원조가 끊기면서 다시 44억 달러 아래로 떨어졌다. 2008년 이스라엘이 가자지구를 공습했을 때, 29.7퍼센트이었던 이 지역의 실업률은 40.6퍼센트까지 치솟았다. 팔레스타인의 정치적 불안이 경제에 어떤 악영향을 미치는지 보여주는 사례들이다.

해외 원조의 함정

이토록 힘겹고 척박한 경제적 토양에 해외 원조는 가뭄의 단비 같은 것이었다. 그러나 그 돈이 팔레스타인 경제가 장기적으로 건실하게 발전할수 있도록 제대로 쓰이지 않으면서 팔레스타인인들에게는 양날의 칼이 되고 있다. 유엔 사무총장 특별고문과 특사를 지낸 안네 르 모어^{Anne Le More} 옥스퍼드 대학교 교수는 자신의 책《오슬로협정 이후 대(對)팔레스타인 국제 원조International Assistance to the Palestinians After Oslo》의 부제목을 '정치적인 오판이며 괜한 돈 낭비'라고 붙였다. 그만큼 팔레스타인에 대한 해외 원조를 부정적으로 본 것이다.

모어 교수에 따르면, 국제사회가 팔레스타인의 진정한 평화를 위해 돈을 쓴 것이 아니며, 기간산업이 아니라 식량·의료·교육 부분에만 집중 지원하다 보니 자력 경제의 기반은 닦이지 않은 채 그 자원의 배분을 놓고 팔레스타인 내부가 분열되게 조장했다는 것이다. 또한 원조 이후 그 돈이 어디에 쓰이는지 책임감 있게 감시하지 않았고 그 과정에서 발생한 팔레스타인 자치정부 지도자들의 부패를 눈감아줌으로써 결과적으로 하마스 정권이 등장하는 데 일조했다는 지적이다. 즉, 원조가 팔레스타인 문제 해결을 위한 어떤 진전도 없이 팔레스타인 내부에서 분쟁만 더 크게 만들어버렸다는 비판이다.

실제로 나는 자신이 처한 경제적 입장 때문에 팔레스타인 독립운동을 마뜩잖게 생각하는 사람들을 많이 만났다. 당장 나와 함께 살던 사마라가 그랬다. 언젠가 사마라에게 "팔레스타인 사람들이 다시 한 번 인티파다를 일으켜 이스라엘에 저항하면 결국 온전한 팔레스타인 국가를 세우게 되지 않겠느냐"고 말했더니, 의외의 반응이 돌아왔다. "오~ 안 돼! 3차 인티파다가 일어난다면 그것은 우리에게 오히려 재앙일 뿐이야!"라고 머리를 두 손으로 싸쥐며 진저리를 치는 것이었다. 사마라는 경찰이니 그럴 법도 하다. 2006년 집권한 하마스를 2007년 6월 파타당이 쿠데타를 일으켜 몰아냈을 때까지, 사마라 같은 공무원들은 수개월간 월급을 받지 못한 경험이 있다. 아버지와 세 아들이 모두 이스라엘에서 건설노동자로 일하고 있는 집을 방문한 적이 있는데, 이들도 팔레스타인 독립국가 건설에 회의적이었다. "우리 가족은 모두 이스라엘에서 돈을 벌어 오고 있어요. 지금도 이스라엘에서 일하는 게 쉽지 않은데 완전히 다른 국가로 나뉘면 우리 벌이가 더욱 어려워질 겁니다"는 것이 1차 인티파다 때 매일 시위에 참여했다던 가장의 말이었다.

팔레스타인이 해외 원조나 이스라엘에 경제적으로 의존하는 동안 팔레스타인 사람들은 점점 더 정치적인 결정에서 단결력과 패기를 잃어가는 것 같다. 이는 곧 이스라엘이 팔레스타인을 더욱 강력히 통제할 수 있게 되었다는 말이며, 이것은 팔레스타인의 경제상황을 더욱 악화시켜 결과적으로 팔레스타인 사람들이 해외 원조와 이스라엘 경제에 더 많이 의존하도록 한다. 이런 악순환이 언제쯤 끊어질까.

'희망'을 말하지 못하는 교사들

| 서정환 |

팔레스타인에서는 총리공관도 대통령궁도 쉽게 들어갈 수 있다. 접근하기 어려운 곳은 의외로 학교였다. 라말라에 있는 고등공립학교(총 12학년의 교육과정 중 11, 12학년생들이 다니는 'Secondary School')들을 돌아보고 싶었는데, 그때마다 학교장들이 시교육청에서 발급된 허가증을 요구했다. 단순한 방문과 관찰이 아닌, 수업 중인 교실을 둘러보고, 수업 장면을 촬영하고, 학생들을 상대로 설문조사를 하려면 학교장의 허가만으로는 부족하다는 것이다.

대통령궁보다 문턱 높은 학교

팔레스타인 학교는 이스라엘 정보기관의 중요한 감시 대상이고, 특히

Palestine

나 같은 기자나 교구재 판매사원이란 정보기관 요원들이 가장 위장하기 좋은 신분이다. 나는 학교장들의 요구대로 라말라 시교육청에서 허가증을 신청했는데, 이번에는 시교육청이 '취재 허가'를 위한 팔레스타인 교육부의 허가를 요구했다. 허가가 필요하고 '허가를 위한 허가'가 또 필요하다는 꽤 번거로운 절차를 거쳤지만, 관료적이거나 형식적인 것이 아니므로 이해할 수 있었다.

허가증을 받아 학교로 향했다. 교장과 교사들은 그제야 순박한 웃음으로 나를 맞아주었다.

팔레스타인에서 학교는 크게 자치정부가 세운 공립학교와 난민구호사업기구가 운영하는 학교, 그 외 몇 개의 사립학교로 나뉜다. 교과과정은 거의 같다. 다만 난민구호사업기구 학교는 1~10학년까지 즉, 의무교육인 초·중등 과정만 가르치는 반면, 공립학교는 고등 과정까지 가르친다는 점이 다르다.

난민구호사업기구 학교가 초·중등 과정의 학생 29퍼센트를 수용함으로써, 팔레스타인의 교육수준은 주변 아랍국보다 훨씬 높다. 세계 문맹률 순위에서 시리아, 이집트, 레바논 등은 모두 100위권 밖으로 밀려나 있지만, 팔레스타인은 문맹률 8.9퍼센트로 79위를 차지하고 있다. 중동에서 팔레스타인보다 문맹률이 낮은 나라는 이스라엘과 석유부국 아제르바이잔 정도다. 2012년 조사에서는 15~24세 문맹률이 0.6~0.7퍼센트에 불과할 정도로 팔레스타인인들의 교육수준은 월등하다. 팔레스타인에도 비르제이트, 알쿠즈, 알나자, 베들레헴, 헤브론 대학 등 여러 대학이 있는데, 이 중 비르제이트와 알쿠즈 대학은 각종 순위 조사에서 중동지역 10대 대학에 들 정도로 학술적 성과가 높은 곳이다.

이런 결과가 말해주듯이 팔레스타인은 교육수준만큼은 이미 저개발국 수준을 넘어섰다. 그런데 교육 현장을 둘러보면 이런 성과가 열악한 환경을 극복하고 얻어낸 것임을 확인할 수 있다.

수업 풍경
:

라말라에 있는 남자고등학교 두 곳, 여자고등학교 두 곳을 방문했다. 라말라 고등학교와 라말라 여자고등학교, 알하샴$^{Al\ Hasham}$ 고등학교와 알비레$^{al-Bireh}$ 여자고등학교가 그곳이다. 네 학교는 모두 공립이다.

수업은 8시에 시작하고, 학생들은 7시 반까지 등교해 조회를 먼저 한다. 남학생들은 간단한 티셔츠 차림이고, 여학생은 대부분 바지 위에 줄무늬 원피스를 입고 하얀색 히잡을 쓴다. 그 위에 어두운 톤의 긴 코트를 입은 여학생도 있고, 히잡을 쓰지 않은 학생도 더러 눈에 띄었다.

조회 풍경은 한국과 비슷하다. 반별로 두 줄씩 늘어선 학생들은 교장 선생님의 훈화를 들은 뒤 체조하면서 몸을 푼다. 어떤 학교에서는 알라에게 기도를 올리기도 했다. 학교마다 조회 풍경은 조금씩 달랐지만, 체조를 한다는 공통점은 있었다.

팔레스타인에서는 남녀 학교로 나뉘어 있다. 교사들도 남자고등학교에는 남자교사, 여자고등학교에는 여교사만 배치된다. 예외의 경우도 있다고는 했지만, 취재하는 동안 나는 이성^{異性} 교사를 한 번도 보지 못했다.

학교를 방문하면 으레 교장실을 맨 먼저 들렀다. 그곳에서부터 팔레스타인과 한국의 교육 정서가 확연히 다르다는 걸 체감할 수 있었다. 교장

Palestine

라말라에 있는 알비레 여자고등학교의 조회 풍경.

팔레스타인 여고생.

들이 전혀 권위적이지 않았고, 일선 교사들처럼 일을 했다. 내가 차를 대접받는 동안에도 학생들은 수시로 교장실에 들어와 조퇴 허락을 맡거나 친구와 다툰 것에 대해 꾸중을 듣고는 나갔다. 교사들도 수업이 없는 시간에는 교장실에 와서 함께 차를 마시며 이런저런 얘기를 나누었다.

사립학교인 '루터교 희망의 학교' 마이클 아부 가잘라(52세) 교장은 직접 학교를 안내해주었는데, 안내하는 틈틈이 책걸상을 옮기거나 운동장과 복도 등을 손수 청소하기도 했다. 팔레스타인에서는 교장과 교사, 교사와 학생 사이에 거리가 없어 보였다. 그러다 보니 아무래도 장난꾸러기들을 길들이는 데는 어려움이 많을 듯했다.

알하샴 고등학교에서 만난 교사 무함마드 다이제르(36세)는 "아이들이 갈수록 교사들 말을 잘 듣지 않는 것 같긴 하지만, 아이들이라는 게 원래 그렇잖아요. 어쩔 수 없죠, 뭐." 하며 허허 웃었다. '체벌'은 하지 않는지 묻자 "공식적으로는 금지되어 있지만 교사에 따라, 학교 분위기에 따라서 팔레스타인에서도 체벌은 합니다. 그러나 최소한으로 하고, 교사들도 대부분 매를 들기 전에 다른 방법으로 아이들을 설득하려고 노력하죠." 하며 '모범 답안'만 내놓았다.

알하샴 남자고등학교의 수업 광경. '진지한 태도로 수업하는 장면을 연출해달라'는 기자 요청에 응해주었지만, 장난기를 감추긴 어려운 듯했다.

예체능 교육의 어려움

고등교육과정의 경우 40분 수업에 5분 쉬며, 오후 2시 10분까지 총 9교시로 진행된다. 아랍어, 영어, 수학, 역사, 과학, 종교 등등 어지간한 과목은 모두 배운다. 다만 체육과 음악, 미술 같은 예체능 교육이 제대로 이루어지지 못하는 점이 안타까웠다. 아예 예체능 과목이 없었다. 아무래도 인적, 물적자원의 교류가 철저히 차단된 점령 상태라 예체능 교사 양성도, 교육시설이나 교구재를 갖추는 것도 어려웠을 것이다. 초등교육과정에는 미술, 체육시간이 배정되어 있지만, 고등교육과정부터는 자율에 맡긴다고 한다. 예를 들어 알하샴에서는《지구과학》담당교사가 미술도 가르친다. 이유는 단순하다.

> "필요할 때면 제가 직접 아이들에게 스케치하는 법을 가르칩니다. 미술을 전
> 공한 건 아니지만 어릴 때부터 그림 그리는 게 취미였고 선생님들 중에서는
> 그나마 제가 그림을 가장 잘 그리는 편이니까요."

그 교사는 "옆 학교에는 음악을 전공한 선생님이 있긴 한데, 그분은 그 학교에서뿐만 아니라 두세 학교를 오가면서 학생들을 가르친다"고 말했다. 빌린 마을에 있는 초·중등학교를 방문했을 때 마침 학생들에게 체조와 스트레칭을 가르치는 선생님이 있었는데, 체육교사라고 보기에는 좀 심하게 통통한(?) 편이었다. 전공을 물어보았더니 역시나 이런 대답이 돌아왔다. "사실은 문학을 가르치고, 아주 옛날 대학 시절에 육상을 잠시 했던 경력 때문에 체육도 가르칩니다."

매트리스도 없는 시멘트 운동장에서 윗몸일으키기를 하고 있는 초등학생들.

이처럼 팔레스타인 학교에는 예체능 전공 교사들이 서너 학교에 한 명 있을 정도로 귀하다. 학부에 음악과 미술, 체육 관련 학과도 없기 때문에 외국에서 배워 오지 않는 한 팔레스타인에서 자체적으로 예체능 전공 교사를 배출하기는 어려운 게 현실이다. 물론 예체능 교육시설도 없다. 학교마다 작은 운동장이 있긴 하지만, 팔레스타인 땅에는 바위가 많아 모래운동장을 닦는 것만 해도 적잖은 비용이 든다. 이 때문에 운동장이 대부분 콘크리트로 뒤덮여 학생들은 가장 좋아하는 축구도 마음 놓고 즐길 수 없다. 피아노 같은 음악교육에 필요한 기본 악기는 물론이고 연습실도 없다. 그래서 팔레

알카망드자티 음악센터에서 피아노를 연주하는 핫산. 팔레스타인 고등학교에서는 예체능 수업이 거의 이루어지지 않고 있다.

스타인에서 예체능 교육은 경제와 마찬가지로 해외에 의존한다.

라말라의 알카망드자티 Al Kamandjâti 음악센터를 방문했을 때 열여덟 살인 핫산이라는 친구를 만난 적이 있다. 핫산은 나블루스에서 고등학교 다닐 때 선생님한테서 아코디언을 배웠다. 뛰어난 음악적 소질을 보이자 그 교사의 추천으로 프랑스 문화예술재단 '알카망드자티'가 후원하는 이 센터에서 피아노를 배우게 됐다. 여기서도 실력을 인정받은 핫산은 알카망드자티의 후원을 계속 받으며 프랑스 어느 음대에서 본격적으로 음악을 전공할 것이라고 한다.

핫산의 경우는 매우 운이 좋은 편이다. 소질이 있으면서도 이런 행운이 비껴간 대다수 학생들은 인터넷을 통해 겨우 예술을 공부한다. 우리 집에 종종 들르던 한 팔레스타인 친구는 낡은 기타로 정말 멋진 연주를 들려주었는데, 유명 인터넷 동영상 사이트인 유투브를 드나들면서 기타를 배웠다고 했다.

그곳에도 사립학교는 있었다

팔레스타인 사회도 양극화되어 있다. 교육 쪽에서는 이것이 공립학교와 사립학교의 모습으로 드러난다. 초·중등생 중 9퍼센트, 고등학생 중 3퍼센트 정도가 사립학교에 다닌다. 공립학교나 난민구호사업기구 학교는 학비가 전혀 들지 않지만, 사립학교는 고등학교의 경우 해마다 적게는 1,000달러에서 많게는 3,000달러까지 수업료를 내야 한다. 사립학교는 거의 대부분 기독교 재단이 설립했는데, 팔레스타인에서 대대로 터를 잡고 살아온 기독교인들 중에 부유한 사람이 많고 이들은 서구의 기독교 교회에서 재정적 지원도 받을 수 있기 때문이다.

그렇다고 기독교 사립학교를 설립한 이유가 종교적인 것, 즉 이슬람 사회인 팔레스타인에서 기독교인들의 정체성을 지켜나간다거나, 그들끼리의 유대를 강화하기 위한 것은 아니었다. 이슬람교도 학생들에게도 학교는 개방되어 있으니까 말이다.

공립학교든 기독교 계열의 사립학교든 어딜 가도 이슬람교도 학생들이 기독교인 학생들보다 더 많았다. 타이베 맥주를 생산하는 타이베 마을은 기독교 공동체 마을이었는데, 그곳에 있는 한 기독교 초·중등학교에서도 학생 300명 중 절반이 이슬람교도였다. 심지어 라말라 시내에 있는 루터교 희망의 학교는 기독교인과 이슬람교도 비율이 3 대 7이었다. 그 이유를 교장은 다음처럼 설명했다.

"20년 전에는 기독교인 학생이 이슬람교도보다 훨씬 많았어요. 그런데 기독교인들이 점차 이민을 가면서 그 수가 줄어든 거죠. 이슬람교도 인구는 더 늘어났고요. 그러다 보니 이슬람교도 학생들 비율이 훨씬 더 높아진 겁니다."

특이하게도 팔레스타인 학교에서는 종교가 문제시되는 일이 거의 없다. 공립학교에서는 이슬람의 교리와 역사를 가르치고, 사립학교에서는 기독교 역사를 가르친다. 양쪽 학교 교사들은 한결같이 말한다. "어떠한 경우에도 학생들의 종교는 존중되며 기독교인 학생에게 이슬람 의식을, 이슬람교도 학생에게 기독교 의식을 강요하는 일은 없다." 공립학교에서든 기독교 사립학교에서든 종교가 다른 학생들은 종교 수업을 거부할 권리가 있으며, 학생들은 그 시간에 열람실에서 다른 공부를 할 수도 있다. 그러나 종교가 다르다고 해서 수업에 빠지는 일은 거의 없다고 한다.

2004년 한국에서는 개신교 학교에 다니던 강의석 군이 학교에서 예배와 종교 수업을 강요한 것에 대해 비판하며 40여 일간 단식투쟁을 벌인 적이 있다. 이런 한국 사회에 비추어보면 이슬람 사회이면서 기독교가 태동한 팔레스타인에서 종교 갈등이 없다는 건 신기한 일이다. 다만 루터교 희망의 학교에서는 이슬람교도 학생들에게 히잡을 쓰지 못하게 하는데, 종교보다는 사회·문화적 이유에서다. 그 이유를 교장은 이렇게 설명했다.

"우리는 학생들에게 무엇이든 스스로 선택하는 법을 가르치고 싶습니다. 물론 히잡을 못 쓰게 하는 것 역시 일종의 '강요'가 될 수 있겠지만, 거의 일생을 히잡을 쓰고 살아야 하는 것을 생각하면 학교에 다니는 잠깐 동안만이라도 그 '강요'에서 벗어나게 해줄 필요는 있다고 생각합니다. 저희 방침에 강하게 반대하는 학부모님도 더러 있었지만, 진심으로 설득해서 동의를 얻어냈습니다. 지금까지 히잡을 쓸 수 없다고 해서 입학을 포기한 이슬람교도 학생은 한 명도 없습니다."

팔레스타인에서도 한국과 마찬가지로 질 좋은 교육에 대한 비용을 감당할 능력이 될 때 사립학교를 선택할 수 있다. 등록금이 비싼 사립학교의 교육환경은 공립학교에 비할 바가 아니다. 사립학교에는 운동기구를 비롯해 과학 실험실, 미술·음악 연습실, 컴퓨터실 등의 교육시설이 갖추어져 있고 높은 임금으로 영입한 뛰어난 교사들도 많다. 영어, 독일어, 프랑스어 등 외국어 교육을 위해 원어민 교사를 두기도 한다.

공립이든 사립이든 교과과정과 교재는 대체로 비슷한데, 사립학교에서는 방과후교육을 실시한다는 점이 조금 달랐다. 루터교 희망의 학교에서 학생회 임원을 뽑는 선거도 참관했다. 선출된 임원들은 교장은 물론 교육부 관계자들과 만나 팔레스타인 학교 교육과 학생들의 최신 경향에 대해 토론할 기회를 갖는다고 한다.

루터교 희망의 학교는 사립학교치고는 규모가 작은 편이다. 그렇더라도 이 학교에서 실시하는 프로그램들을 공립학교에서는 꿈도 꾸지 못한다. 사립학교는 대부분 남녀 공학이며 학급당 40여 명인 공립과 달리 학생 수가 20명 이내다.

공립이든 사립이든 학생들을 괴롭히는 것이 있다. 입시도 아니고 과중한 과외 수업도 아니다. 이스라엘에 점령된 현실이다. 이스라엘은 팔레스타인 경제를 인공호흡기를 떼어내면 바로 사망하는 원조경제체제로 묶어 두었고, 정치·군사·외교적으로 팔레스타인을 고립시켰다. 이 때문에 학생들은 이런 현실에서 '교육은 받아서 무엇 하나' 하는, 뿌리 깊은 회의와 무기력감에 젖어 있다. 팔레스타인 교육에 관한 자료를 찾다가 한 팔레스타인 교사가 쓴 글을 발견하고는 먹먹했던 일이 떠오른다. "학생들에게 꿈을 이룰 수 있다는 '희망'을 말해야 할 때 교사로서 가장 힘들다."

검문에 가로막힌 교육권

팔레스타인 교육의 근본적인 문제 원인을 오래 생각할 필요는 없다. 팔레스타인인들은 자신들의 교육권이 박탈당하고 있음을 날마다 두 눈으로 확인하고 온몸으로 체감하기 때문이다. 수코트 기간인 10월 8일, 예루살렘 구시가지에 있는 팔레스타인 학교를 방문했다. 600년 전에 건축된 건물에 자리 잡고 있는 이 고즈넉한 학교는 이슬람단체가 세운 것으로, 구시가지 안에 있는 유일한 고등학교였다. 학생들 나이가 열여섯 살 이상이다 보니 구시가지 밖에 사는 학생들은 그즈음 매일 결석이었다. 앞에서도

텅 빈 교실. 휴일이 아니라 유대인 명절 때문에 학생들이 등교할 수 없었던 것이다.

말했듯이 수코트 기간에 16~50세 남자는 예루살렘에 들어올 수 없다.

이 때문에 내가 방문한 날은 전교생 400명 중 구시가지 안에 거주하는 150명 정도만 출석한 상태였다. 교사들도 28명 중 50세가 넘는 8명만 출근해 있었다. 아이들은 4개로 나뉜 교실에 모여 앉아 교사회의의 결정을 기다렸다. 수업을 할 수 있을지 없을지, 수업이 불가능하다면 무엇을 해야 할지, 연륜이 많은 교사라도 이런 결정은 매번 어려운 법이다. 늙수그레한 한 교사는 텅 빈 교실을 나에게 보여주며 이렇게 말했다.

"팔레스타인에서 이런 일은 매우 흔합니다. 요즘처럼 특별한 시기에만 그런

Palestine

등굣길의 검문소. 초등학생이 검문소 방탄 창문 너머에 있는 이스라엘군에게 철제 필통을 들어 보이고 있다.

게 아니에요. 평소에도 구시가지 밖에 사는 학생들은 검문 때문에 1, 2교시 수업을 못 듣는 게 예삽니다. 저도 예루살렘 외곽에 사는데 집에서 여기까지 차로 운전하면 고작 7킬로미터인데 1시간이 넘게 걸립니다. 이스라엘이 왜 그러는지 아세요? 그들이 주장하듯이 자신들의 '안전' 문제 때문이 아니에요. 우리는 그들과 싸울 생각이 전혀 없으니까요. 우리를 이 땅에서 쫓아내고, 우리의 미래를 없애려는 게 진짜 목적입니다."

이스라엘군의 학생들 검문은 구시가지에서만 벌어지는 일이 아니다. 헤브론을 여행하다 검문소에서 이스라엘군이 초·중등생들의 책가방을 뒤져보는 것을 본 적이 있다. 검문소는 팔레스타인 아이들에게 '굴욕과 굴종'을 가르치는 또 다른 학교였다. 검색대를 통과할 때 '삐~' 하는 경보음이 울릴 때마다 학생들은 책가방 안의 것들을 모두 꺼내 보여야 했다. 철제 필통이나 가방과 옷에 딸린 철제 장신구를 확인시켜주고야 학교에 갈수 있었다. 일곱 살밖에 안 돼 보이는 여자아이라고 예외는 아니다.

그런데 불행하게도, 팔레스타인 학생들에게는 이것이 최악의 경우가 아니다. 제닌Jenin, 툴카름처럼 분리장벽이 많은 지역에서는 등굣길도 곧잘 가로막힌다. 어떤 검문소는 통행증이 있어야 통과할 수 있고, 어떤 곳은 아침에 30분, 저녁에 30분만 통행을 허용하며, 또 어떤 곳은 하루에 통행할 수 있는 사람 수를 정해놓기도 한다. 이스라엘 교육부가 2009년에 발표한 공식 자료에 따르면, 제닌·툴카름 지역의 경우 분리장벽 때문에 등교와 출근을 못하는 학생과 교사 수가 무려 2,898명이나 된다. 결국 팔레스타인에서는 학생과 교사가 모여서 어떤 교육을 주고받을지가 문제가 아니라 모이는 것 자체가 문제였다.

한국 학교에 가보면 정치인, 대기업 CEO, 올림픽이나 콩쿠르에서 수상한 예체능인 등 '자랑스러운 동문'들의 사진이 걸려 있는 것을 흔히 볼수 있다. 팔레스타인 학교에도 빛바랜 학생들 사진이 한두 개라도 꼭 걸려 있다. 이스라엘 공습 때 희생된 학생들이다. 이스라엘은 시위대가 숨어 있다는 의심이 조금이라도 들면 학교도 가만두지 않았다.

학생들 사진이 더 늘어날 것만 같은 불길한 마음에 계속 사진을 바라볼수가 없었다. 비록 '○○ 대학 합격' '○○ 고시 합격' '○○ 선거 당선' 따위의 속물스러운 경력일지라도, 팔레스타인 학생들이 더는 '잃어버린 동문'이 아닌 '자랑스러운 동문'의 사진들을 보면서 희망을 품길 바란다.

세 청년 이야기

| 서정환 |

내가 머문 집은 라말라 시 중심가인 알마나라^{Al-Manara}에서 북쪽으로 걸어서 약 10분 거리에 있었다. 라말라는 '다른 도시'가 아니라 '다른 나라'라고 불러도 좋을 만큼 다른 곳에 비해 매우 발전되어 있다. 물가는 살인적으로 높지만 통신, 교통 같은 인프라는 나름대로 잘 갖추어져 있다. 여성들 옷차림도 그런 대로 자유롭고, 시내에서 데이트를 즐기는 젊은 연인들도 종종 볼 수 있다. 보수적인 시골 동네에선 보기 어려운 풍경이다.

청년들은 대부분 머리를 아예 짧게 깎거나 장발인 경우엔 기름을 잔뜩 발라서 올백으로 넘기고 다닌다. 부리부리한 눈에 이목구비가 또렷하고 피부는 가무잡잡하다. 깡마르거나 배가 나온 사람이 드물고 대개 몸집이 딴딴한 편이다. 어딘지 '강한' 인상과 달리 대부분 청년들은 인정이 많고 가족들을 끔찍이 아끼며 친구들과 수다 떠는 걸 무척 좋아한다. 한마디로 '인간미'가 철철 넘친다. 나와 함께 산 세 친구 나딤, 니아즈, 사마라 역시 마찬가지다.

앞서 소개했듯이 나딤은 스위스에 본부를 둔 외교안보 관련 민간 연구소에서 일한다. 이스라엘－팔레스타인 혹은 유럽의 안보와 관련된 기사와 자료를 모니터링하는 게 주로 하는 일이다. 나딤의 꿈은 이곳에서 경력을 쌓고 신임을 얻어 유럽 어느 나라로든 유학을 가는 것이다(마침내 나딤은 꿈을 이루었다! 자세한 소식은 모르지만 현재 그는 벨기에에 거주하고 있다).

나딤은 삼촌의 도움을 받아 대학에 진학했는데, 부모님이 이혼해서인지 고향이나 가족에 관해 얘기하는 것을 별로 좋아하지 않는 듯했다. 라마단 기간을 맞아 다른 두 친구가 부모, 형제, 삼촌, 사촌, 오촌, 사돈의 팔촌까지 매일 친지들한테서 저녁 식사 초대를 받아 나갈 때도 나딤은 그냥 집에서 나와 식사를 하고 차를 마셨다.

다른 친구들도 그렇지만 나딤은 인터넷을 통해 다른 나라 친구들과 메일을 주고받고, 채팅도 하고, 음성으로 대화하는 것도 즐겼다.

경찰인 사마라는 한국으로 치면 수사과에서 근무하고 있다. 고향이 '금요집회'로 유명해진 빌린 마을이다. 부모님을 비롯한 가족들은 그곳에 산다. 빌린에 갔을 때 사마라 집에서 저녁을 성대하게 대접받기도 했다. 사마라는 요리를 잘하고, 간단한 가구는 연장통만 있으면 뚝딱 만들어낼 정도로 손재주가 좋았다.

사마라 월급은 800달러 정도다. 야근 등 초과로 근무하면 1,000달러까지 받을 수 있다. 혼자 산다면 그걸로 족할 수 있지만, 결혼해 가족을 부양하려면 적은 돈이다. 그래서 사마라는 NGO에서 일하고 싶어 한다. 팔레스타인에서는 NGO 상근자로 활동하면 한 달에 많게는 2,000달러까지도

벌 수 있기 때문이다. 유럽이나 미국에 본부를 두고 교육, 의료, 복지사업 등을 펼치는 NGO가 라말라에만 1,500개 이상이다. 이런 해외 NGO는 우리로 치면 대기업이나 공기업에 해당돼 입사 경쟁률이 무척 높다.

정치외교학을 전공한 니아즈는 라말라의 한 여자대학에서 우리로 치면 신문방송학에 관한 강의를 한다. 직급은 학과장쯤 된다. 대학교수노조 지도부이기도 하다. 그뿐 아니라 고향 마을에 건설된 공동체에서 학생들에게 스포츠도 가르치고, 과외 수업도 해주었다. 여자들에게 적잖이 인기 있을 것 같은데, 데이트보다는 집에서 공부하는 걸 더 좋아하는 것 같았다.

니아즈는 나딤, 사마라와는 조금 달랐다. '혼전 성관계' 문제만 놓고 봐도 두 친구는 쌍수를 들어 환영하는 데 반해 니아즈는 부정적이었다. 그렇다고 두 친구를 비판한 건 아니었다. 각자 옳다고 생각하는 대로 살면 된다고 여기는 것 같았다. 라마단 기간에 두 친구는 수시로 무언가를 집어 먹었는데, 니아즈는 낮 동안에는 철저히 금식을 했다. 방 안에서 거의 칩거하다시피 했다.

이 때문인지 나는 니아즈를 무척 조용하고, 고결한 신앙심을 품고 실천하는 사람으로 보았다. 라마단이 끝나고 나서야 그가 무척 활달하고, 야한 얘기도 곧잘 하는 사람임을 알게 되었지만 말이다.

"기왕 산 거 오늘만…"
⋮

팔레스타인 사람들은 대화를 많이 하는 편이다. 세 친구도 툭하면 베란다에 꾸며 놓은 다과상에 둘러앉아 이야기보따리를 풀어냈다. 술잔을 기울이면서는 아니었다. 술은 거의 마시지 않는다. 술깨나 마실 줄 안다며 으스대던 나딤과 사마라도 카페에 가면 끽해야 맥주 한 병 마셨는데, 그마저도 사이다와 섞인 것이었다.

대화가 많다는 점에서 나는 팔레스타인 사회를 희망적으로 보았다. 많이 대화할 줄 아는 나라라면 타락하고 이기적인 사상이 발붙일 수 없을 것이다. 비록 지금은 정치적으로 매우 어렵지만, 결국 그들은 스스로 해답을 찾아낼 수 있으리라.

한 번은 세 친구가 저마다 하나씩 어떤 과자를 손에 쥐고 자기들끼리 아랍어로 한참 동안 얘기하는 것이다. 사뭇 분위기가 진지해서 나는 잠자코 표정만 살폈다. 나중에 들으니, 오늘 니아즈가 장을 보면서 사온 과자들이 모두 이스라엘산이었다는 것이다. 이 때문에 두 친구가 니아즈에게 뭐라 한 모양이다. 니아즈도 지지 않고 "그게 내 입맛에 가장 맞는데 어쩌란 말야! 내가 잘못했지만 너희도 어차피 먹을 거잖아. 이제 그만하고 먹지 그래?"라며 자기주장을 폈다고 한다. 결국 그들은 '기왕 산 거니까 이번에는 맛있게 먹되, 이스라엘에 대한 생각은 잊지 말아야 한다'는 것으로 대화를 마무리했다고 했다.

수다와 차를 즐기는 사람들
 :

베란다에 서서 밖을 내다보면 아주 운치 있다. 저녁이면 발그레하게 물들어가는 언덕과 건물들이 멀리 내다보인다. 내겐 가장 평온한 시간이기도 했다.

Palestine

니아즈의 약혼식 날 모인 세 친구.
오른쪽부터 사마라, 니아즈, 나딤.

매달 나딤에게 300달러 정도를 주고 지냈는데, 속도는 느리지만 무선 인터넷도 쓸 수 있고 위성안테나로 아랍권, 유럽, 미국에서 방영되는 방송도 두루 볼 수 있었다. 건조한 지역이라 모기는 별로 없었는데, 가끔 작은 도마뱀이 방바닥을 기어 다녀 웃음을 자아내곤 했다.

세 친구와 더러 50셰켈(약 15,000원) 정도씩 갹출해 파티도 열었다. 양고기 꼬치나 쇠고기 완자, 매운 양념을 한 닭고기 등을 토마토, 양파를 곁들여 숯불에 구워 먹었는데 맛이 아주 그만이었다. 팔레스타인 음식은 대체로 내 입에 맞았다. 돼지고기를 먹을 수 없다는 점 ■과 음식이 너무 달다는 것 빼곤 말이다. 집 근처에 기독교인이 많이 사니, 잘만 하면 돼지고기를 구할 수 있노라고 친구들이 장난스레 귀띔해주었지만 그렇게까지 해서 먹고 싶진 않았다.

너무 달게 먹어서인지 팔레스타인에서는 청년들 중에도 당뇨병 환자가 꽤 많다. 이런 팔레스타인 친구들이 보기에 자신들은 매워서 냄새도 못 맡는 고추를 사와서 으적으적 씹어 먹는 나는 경악스러운 괴물이었다. 팔레스타인에선 거의 모든 음식을 '피타Pita'라는 빵에 싸서 먹는데, 속은 비어 있다.

다른 집이나 사무실을 방문하면 그곳 주인들은 어김없이 자스민차나 커피를 내왔다. 커피는 그냥 물에 커피가루를 넣어 끓인 것인데, 에스프레소보다 더 진했다. 너무 진해 가끔 먹기 부담스러울 때도 있었지만, 한국으로 돌아와서는 두고두고 그 맛을 잊을 수 없었다. 커피가 유럽 문화의 상징 같지만, 사실 커피를 처음 마시기 시작한 곳은 아랍이다. 15세기에 예멘이 당시 중동지역을 움켜쥐고 있던 오스만투르크제국에 모카커피를 공물로 바친 것이 세계로 퍼져나갔다고 한다. 후추와 마찬가지로 당시 커피 1그램은 금 1그램과 교환될 정도로 귀한 물건이었다.

팔레스타인 사람들은 커피와 차를 많이 마시지만, 팔레스타인에서는 물이 귀하고 물의 질도 좋지 않다. 나딤은 수돗물 때문에 병에 걸리거나 죽은 사람은 아직 없었다며 웃어넘겼지만, 나는 팔레스타인에 머무는 내 내 생수를 사서 마셨다.

■ 이슬람교뿐 아니라 유대교에서도 돼지고기는 멀리한다. 두 종교가 태동한 곳이 건조하고 뜨거운 중동 지역이다. 이런 곳에선 돼지를 기르기 어렵다. 돼지는 전염병에 잘 걸리고, 물도 많이 먹기 때문이다. 또 닭고기, 양고기 등에 비해 더위에 약해 쉽게 상한다. 이처럼 기르기도 어렵고, 먹기에도 불안해 돼지고기를 종교적으로 금기시하는 문화가 퍼진 것이다.

Palestine

아버지는 이슬람교도, 아들은 무신론자

| 서정환 |

팔레스타인에서 첫 밤을 보낸 날 새벽 4시. 모스크에서 들려오는 아잔 소리에 눈을 떴다. 그 정도로 소리가 컸고, 며칠이 지나도 그 소리에 익숙해지지 않았다. 내게 그 소리는 인간의 고막이 견딜 수 있는 한계를 넘어선 것이었다. 결국 함께 사는 친구들에게 그 소음(?)을 어떻게 견디는지 물은 뒤에야 아잔 소리가 그렇게 큰 이유를 알게 되었다.

공교롭게도 내가 팔레스타인에 도착한 날이 라마단 기간의 첫날이었던 것이다. 한 달간의 라마단 기간에 이슬람교도들은 해가 떠 있는 동안에는 음식을 먹을 수 없다. 더 신실한 사람들은 물도 마시지 않는다. 그러다 보니 해 진 뒤 저녁 식사 때 폭식을 하는 것으로도 모자라 해 뜨기 전 새벽에 일어나 무언가를 먹어두기도 한다. 그러니까 내 잠을 번번이 앗아간 그 큰 아잔 소리는 "곧 해가 뜹니다. 피곤하시더라도 오늘 하루를 잘 보내려면 지금 일어나서 뭐라도 드세요. 먹고 다시 자더라도 말입니다!"라고 독려(?)하는 것이었다. 길거리에서 물 한 모금 마시는 것도 눈치를 봐야 할 정도로 라마단이 녹록지 않은 수련 기간인 줄 몰랐던 나는 이슬람 풍습 한 가지를 더 알았구나 하며 좋아했다.

일상이 머무는 모스크

⋮

팔레스타인인들에게 이슬람이란 이성과 갈등하는 신화도 아니었고 욕망과 갈등하는 도덕도 아니었다. 누군가에게 권해야 할 선도 아니고, 스스로를 옭아매야 할 규범도 아니었다. 하루 다섯 번 꼬박꼬박 기도하고 금식하는 이가 있었는가 하면 이런 것을 거부하고 자유롭게 사는 사람도 있다. 사마라 아버지가 전자의 경우라면, 사마라는 후자다. 사마라는 무신론자다. 라마단 기간에도 집에서 요리를 해 먹는가 하면 술과 여자를 두루 좋아했다. 그러나 종교 문제로 아버지와 약간이라도 불편했던 적은 없었다고 했다. 아버지는 아들을 사랑했고, 아들과 맞담배를 피우면서 밤늦도록 아들의 결혼에 관해 얘기를 나누곤 했다.

모스크 안에서 나는 종교적 엄숙함보다는 이방인도 감싸 안는 편안함을 느꼈다. 라마단 기간에는 특히 더 많은 사람이 모스크를 찾아와 기도를 올리거나 《코란》을 읽었다. 모스크 안은 카펫이 깔린 소박한 모습이었다. 그렇지만 발을 씻는 수도시설이 따로 있을 만큼 사람들은 경건한 태도로 의식을 치르고 모스크를 아꼈다.

이슬람교도들에게 모스크는 기도만 하는 곳이 아니다. 뜨거운 여름 햇살을 가려주는 이 시원한 모스크 안에서 대자로 누워 한가롭게 낮잠을 즐

Palestine

기는 사람도 많다. 선생님과 학생이 우연히 만나면 즉석에서 방바닥에 책을 펴놓고 공부도 하고 친구들과 조용조용, 그러나 즐겁게 대화하는 사람들도 볼 수 있는 곳이 모스크였다.

팔레스타인에서는 이슬람교와 기독교가 공존한다. 공존한다는 것은 종교적 차이에서 오는 갈등을 적절히 조절하고 존중한다는 뜻이 아니라 종교가 문제시되는 일이 없다는 것이다.

2009년 9월 15일 라말라의 팔레스타인 대통령궁에서 현지 기자들과 함께 조지 미첼 George Mitchell 미국 중동특사의 방문을 기다리고 있었다. 저녁 시간이 되자 대통령궁에서 기자들에게 햄버거 도시락을 나누어줬는데 아직 금식 해제를 알리는 아잔 소리가 울리지 않았다. 대부분 기자, 리포터, 카메라맨은 도시락을 받아놓고 멀뚱히 앉아 있었다.

그런데 한 카메라맨이 당당하게 도시락을 열고는 게걸스럽게 햄버거를 먹기 시작했다. 그의 행동이 신기(?)해서 다가가 "왜 혼자만 먹는 거냐?"고 물었더니 역시 당당하게, "응, 나는 기독교인이고 애들은 xx 이슬람교도들이거든! 하하!" 대답하는 것이다. 순간 나는 긴장했다. 이슬람국가의 대통령 공관에서, 이슬람교의 중요한 행사 기간에, 이슬람교들에게 둘러싸인 공간에서, 큰소리로 이슬람교도들에게 (물론 농담이었겠지만) 육두문자를 날리다니! 그런데 신통하게도 이슬람교도 기자들은 쌍욕을 듣고도 같이 웃어댈 뿐이었다. 취재 현장에서 안면이 있는 그 카메라맨은 기독교인으로서 팔레스타인 사회에서 일하면서 살아가는 데 아무런 불편함이 없다고 했다. 심지어 자기 애인도 이슬람교도이고, 쉽지는 않겠지만 반드시 그녀와 결혼할 거고(물론 기독교-이슬람교도 집안 간의 결혼이 흔한 일은 결코 아니다) 이후에도 서로의 종교를 존중하며 살 거라고 대답했다.

근본주의자는 이스라엘과 미국?

　서안지구에는 기독교인이 상당히 많다. 전체 약 230만 명 중 19퍼센트인 44만 정도가 기독교인이다. 2009년 9월 26일 나는 마치 총격전이라도 벌어진 듯한(실제로 이렇게 생각했다. 그곳은 팔레스타인이었으니까!) 소리에 카메라를 서둘러 메고 집 밖으로 뛰쳐나간 적이 있다. 그러나 그것은 가까운 곳에 모여 사는 팔레스타인 기독교인들이 자신들만의 축제를 벌이는 소리였다. 불과 수십여 명에 불과한 그들은 라말라 시 전체가 떠나갈 듯 폭죽을 터뜨리면서 불꽃놀이를 즐겼다. 여성들 옷차림은 개성이 넘쳤고, 노출 수위도 꽤 높았다.

　카메라맨 친구와 그런 축제 광경을 보면서 나는 팔레스타인이 이슬람 근본주의가 성장할 수 있는 폐쇄적인 곳이 아님을 확신하게 되었다. 팔레스타인 사람들은 신을 존경하고 사랑하듯이 그 신이 창조한 모든 다른 사람, 다른 종교도 존중하고 열린 마음으로 대했다. 자신들을 끊임없이 괴롭히는 유대인들이라고 예외로 두지 않았다.

　내가 만난 대다수 팔레스타인 사람은 유대인들을 쫓아낸 뒤 자신들만의 국가를 세우는 데는 관심이 없었다. 이슬람교도든 기독교인이든 '형제처럼 같이 살 수 있다'고 믿었다. 그러나 유대인들은 하나님이 자신들에게 팔레스타인 땅을 주었노라 계속 우기고 있다. 네타냐후 총리는 공공연하게 "이스라엘은 유대국가"라고 선언하고 다닌다. 깊은 신앙심 때문에 기독교 근본주의자로 꼽히곤 하는 조지 부시 전 미국 대통령은 신에게 승리를 간구하는 기도로 전쟁을 시작했다고 한다. 이처럼 오히려 자신들의 종교가 정통이고 우월하다는 쪽, 다른 종교를 인정할 수 없다는 쪽, 자신의

Palestine

- 팔레스타인 기독교인들이 축제 기간에 불꽃놀이를 하고 있다.

: 팔레스타인 기독교인 청년들. 여성들 옷차림이 자유롭다. 팔레스타인 기독교인들은 외부에서 '전도' 된 것이 아니라 대대로 팔레스타인 땅에서 살아온 사람들이다.

국민들이 타인을 핍박하는 데 마약과 같은 종교적 동기를 활용하는 쪽, 국가 전체가 종교적 근본주의에 기운 쪽은 이스라엘과 미국이 아닐까.

"남자는 못 들어가요!"

함께 살던 니아즈와 사마라 약혼식에 간 적이 있다. 사마라는 친구 소개로 만난 어느 작은 회사의 직원과, 니아즈는 집안 어르신들 중매로 만난 여성과 약혼식을 올렸다. 팔레스타인에서는 대개 니아즈와 같은 경로로 만나 결혼한다고 한다. 사마라처럼 만나는 경우에도 양가 집안이 서로 만족해야 결혼에까지 이를 수 있다.

내가 가장 놀랐던 것은 첫 만남부터 약혼에까지 이르는 속도였다. 니아즈와 사마라가 예비 신부를 만나 약혼식까지 치른 것은 모두 내가 팔레스타인에 머물던 두 달 사이에 이루어졌다. 두 친구는 예비 신부를 무척 마음에 들어 했다. 사마라는 비번 때마다 예비 신부를 만나러 외출했고, 니아즈 역시 예비 신부에 관해 말할 때면 얼굴에 웃음이 번졌다. 혹시라도 둘의 데이트 약속이 겹치는 날이면 서로 먼저 다리미를 쓰려고 야단이었다. 둘은 옷을 반듯하게 다림질해 각을 세우는 것에 무척 많은 시간과 공을 들였다.

나는 니아즈와 사마라 약혼식에서 사진사 노릇을 자청하며 식을 구경할 수 있었다. 팔레스타인에서는 약혼, 결혼식에 주로 친지와 친구들을 모아 놓고 연회를 베풀며, 사람들은 이날 춤과 노래를 즐긴다. 그러면서도 정작 두 사람이 얼굴을 마주하고 '성혼 서약'처럼 중요한 의식을 치를 때는

Palestine

신부 집으로 들어서는 신랑 쪽 남성 친지들. 팔레스타인에서는 혼인과 장례식 같은 행사에서 남성과 여성의 동선이 다른 것이 특징이다.

외부에 공개하지 않는다. 그런 의식은 양가의 직계·방계 가족들만 모인 곳에서 간단히 치른다고 한다.

약혼, 결혼식 형식은 물론 집마다 조금씩 다르다. 니아즈는 정말로 정통 형식대로 치렀다. 니아즈 고향은 라말라 근교의 작은 시골 동네인데 그곳에서 친척이란 친척은 죄다 모여 차를 타고 다른 마을에 사는 신부의 집으로 몰려갔다. 신부의 아버지와 집안 남자 어른들은 널찍한 방에서 니아즈의 아버지와 친지들을 맞이했다. 양가 어른들은 알라에게 기도를 올렸고, 신부

팔레스타인에서는 결혼하려면 양가 부모의 합의뿐만 아니라 친지들의 동의도 중요하다. 신부 집 거실에 양가 친척들이 모여 앉아 있다.

아버지는 사돈댁 손님들에게 환영의 인사를 건넸다. 모인 사람들 손에는 커피가 한 잔씩 돌아갔는데 니아즈의 아버지가 뭐라고 몇 마디를 마치자 모두 그 커피를 한 번에 들이켰다. 나중에 들으니 "이 혼약에 찬성하십니까?"라는 말에 모두 "예"라고 대답한 것이라고 했다. 하객들은 밖에서 음료(콜라가 가장 보편적이다)와 약간의 과일을 먹으면서 그날을 기념했다.

약혼식에 갔을 때 가장 아쉬웠던 점은 여성들의 피로연에 들어갈 수 없었다는 것이다. 팔레스타인에서는 약혼식, 결혼식 피로연도 남녀로 엄격

Palestine

히 구분해 치른다. 니아즈에게 "그러지 말고 사진 딱 다섯 장만 찍게 해 주라!"고 애원했지만 소용없었다. 니아즈는 정색을 하며 "안 돼. 그러다가 너 사람들에게 맞아 죽을지도 몰라!" 하며 단호하게 거절했다. 나는 "죽을지도 모른다니? 그게 뭐 그리 큰 죄냐? 신랑인 너는 들어가잖아." 라며 섭섭한 마음을 감추지 않았는데, 사마라와 나딤도 "니아즈 말 농담이 아냐. 넌 절대 여자들의 연회를 볼 수 없어. 정말 큰일 나!"라고 마찬가지로 정색을 하며 나를 말렸다.

피로연조차 남녀를 엄격히 구분해 치르는 이유는 잘 모르겠다. 다만 여성들이 평소에는 절대 입을 수 없는, 노출이 심한 드레스를 입고 노래와 춤을 마음껏 즐긴다는 사실로 미뤄보건대, 여성들을 보호하기 위해 그런 게 아니었을까 짐작했을 뿐이다.

니아즈 약혼식 바로 다음 날이 사마라 약혼식이었다. 나는 그곳에서 만난 프랑스 출신 여자 친구에게 카메라를 맡겼다. 그 친구가 찍어온 사진을 보니 내 짐작이 어느 정도 들어맞는 것 같았다. 다른 나라 기준으로 보면 '파격'이라 할 정도는 아니었지만 팔레스타인 사회에선 노출이 심한 옷차림이었다. 그래서 죽을 각오를 하고 피로연을 훔쳐봐야 하고, 여성들 역시 죽을 각오나 해야 그런 옷차림으로 거리를 돌아다닐 수 있는 것 같다.

한편으로 나는 이런 풍습이 매우 흥미로웠다. 팔레스타인인들이 성에 대해선 무척 개방적이라고 보았기 때문이다. 신실한 이슬람교도인 니아즈는 약혼하는 그 순간까지 '숫총각'이었지만, 나딤과 사마라는 이미 10대 때 성경험을 했다. 특히 사마라는 자신이 얼마나 많은 여성과 진하게 섹스를 했는지 자랑하곤 했다. 그뿐만 아니라 이 친구들(심지어 니아즈조차)

- 신랑 쪽 여성 친척들이 약혼식장인 신부의 집으로 가고 있다. 이때 여성들은 박수를 치며 노래도 부른다. 양가 여성들이 모인 방은 금남의 구역이고, 그 안에서는 더 큰 노래가 울려 나온다.
- 여성들의 피로연장. 남성 중에서는 신랑만 들어갈 수 있다.

• 팔레스타인 사람들은 결혼식 날 밤새도록 춤추고 노래하며 즐긴다.
⁞ 전통춤도 약혼식에서 빠질 수 없는 공연이다.

이 주고받는 농담에는 성행위, 성기와 관련된 것이 많았다. 섣부른 일반화일 수도 있겠지만, 팔레스타인 남자들만 이런 건 아닌 듯했다. 나와 비슷한 시기에 팔레스타인을 다녀온 국내의 한 여성 평화활동가 말에 따르면, 팔레스타인 여성들 역시 성에 관해 이야기를 나누는데 대화 수위가 너무 높아 듣기에 민망할 정도라고 했다.

팔레스타인 시장에 가면 눈 돌리기조차 낯 뜨거울 만큼 야한 여성용 속옷이 치렁치렁 내걸려 있다. 속옷은 검은색이거나 붉은색이 많고, 재질도 망사나 속이 비치는 얇은 천이 대부분이었다. 팔레스타인인들 역시 성에 대한 호기심과 욕구가 남다르지 않을 것 같다. 그런데도 그런 욕구를 드러내지 않은 채 엄격한 공식적인 풍습에 순응하며 사는 것이 그저 신기할 따름이었다.

잦은 전쟁 때문에 생긴 지참금

팔레스타인의 결혼 풍습에서 궁금한 것이 지참금이었다. 팔레스타인 남자는 결혼하려면 돈이 많이 든다. 사마라의 경우에는 무려 8,000달러를 신부에게 주었다. 신부 집에 준 것이 아니라 신부에게만 준 돈이 그렇다. 결혼식 비용이나 신혼집 마련에 드는 돈은 따로 또 마련해야 한다. 신부는 신랑이 준 돈을 저금하든지 평생 간직할 값비싼 보석이나 옷을 사든지 그 용도를 자기 마음대로 결정할 수 있다. 그나마 사마라는 비교적 싸게(?) 신부와 합의한 경우다. 니아즈는 신부에게 무려 1만 2,000달러를 주었다. 양가 혼주들의 가장 큰 역할이 바로 이 액수를 합의하는 일이다.

Palestine

두 친구의 월급을 아는 나는 그 가혹한(?) 액수를 듣고는 놀라지 않을 수 없었다. 친구들 말에 따르면 돈이 없어서 결혼 못하는 남성들이 부지기수라고 했다.

아랍 지역에서는 전쟁이 잦았다. 당연히 그 과정에서 많은 남성이 죽었다. 생계를 책임질 남편을 잃은 여성들은 평생 큰 고통에 시달려야 했다. 이런 위험을 막으려고 결혼 전에 미리 여성들에게 평생 쓸 수 있는 재산을 주었는데, 거기에서 지참금 풍습이 비롯된 것이다. 한 여성이 자녀들을 양육하며 평생 쓸 수 있는 재산을 결혼 적령기의 젊은 남성이 미리 가지고 있기란 사실상 불가능하다. 그래서 감당할 수 있는 정도에서만 지참금을 주고, 나머지는 평생 함께 사는 것으로 정산하는 것이 대부분이다. 만약 남성이 부인을 더 얻으려는데 조강지처(그 후순위 부인들도)가 이에 반대하여 이혼을 요구할 경우, 혹은 남자가 '너와 이혼을 하겠다'는 말을 세 번 외침으로써 이혼을 결정하는(한 자리에서 세 번 연달아 말하는 것이 아니라 긴 기간을 두고 천천히 숙고하면서 해야 한다)' 경우에는 원래 지급해야 했던 지참금에 위자료까지 더해서 부인에게 지급해야 했다. 아랍 남성들에게 이혼이란 자신의 모든 재산과 남은 인생을 걸어야 할 만큼 위험한 결정이다.

한편 이혼당한 여성들은 남편에게 받은 재산으로 경제활동을 하거나 재가를 할 수도 있다. 이슬람 창시자 무하마드 아내도 지참금과 위자료로 거상이 된 여인이었다.

"아라파트 영혼이 우리를 지켜준다네…"
⋮

약혼식을 마치면 몇 달 내로 신랑은 결혼식을 올리고 피로연을 거하게 연다. 이날 사람들은 밤새도록 온 동네가 떠나갈 듯 크게 음악을 틀어놓고 춤을 추며 흥겹게 보낸다. 남자들은 한국의 어깨춤보다는 동작이 훨씬 큰 춤을 초저녁부터 새벽까지 추며 논다. 팔레스타인 전통의상과 춤을 선보이는 율동단의 공연도 끼여 있고 피로연장 한쪽에는 물론 다양한 맛있는 음식도 쌓여 있다.

팔레스타인에서 결혼이란 남녀의 결합에 그치는 게 아니라 가문과 가문을 잇고, 동네와 동네가 어우러지는 경사다. 이런 날 팔레스타인 사람들은 이 노래를 부른다.

산다네 산다네, 우리는 팔레스타인에서 산다네
우리는 이 땅에서 자손들을 낳고 번창할 것이라네
아라파트의 영혼이 별이 되어 우리를 지켜준다네
산다네 산다네, 우리는 이 땅에서 자자손손 산다네

Palestine

4부

누가 팔레스타인을 미워하는가

하마스에 관한 오해와 진실

| 홍미정 |

2006년 초 동예루살렘에 위치한 팔레스타인 국제문제연구소 파시아는 늘 내외국인들로 북적였다. 세계적인 TV, 신문, 정치인, 학자 등 많은 사람이 파시아를 방문해 정보를 얻으려 했기 때문이다. 이해 1월 25일 치러진 팔레스타인 선거 전날까지 이 연구소는 각국의 선거감시단과 취재진으로 발 디딜 틈이 없었다. 그러나 선거가 끝난 후에는 오히려 평소보다 한산해졌다. 모든 인터뷰와 강연 등을 마흐디 압둘 하디 연구소장이 일체 사절했기 때문이다. 선거 이후 연구소장은 낯빛이 어둡고 말수도 줄었다.

2006년 1월 31일은 이슬람력으로 새해가 시작되는 첫날이어서 연구소 문을 닫았다. 연구소 일원인 나는 호텔에서 약간 늦은 아침을 먹으면서 유엔 구호단체에서 파견됐다는 스위스 여성과 선거에 대한 이야기를 나누었다. 그녀는 "하마스의 압도적인 승리로 유럽과 미국은 팔레스타인에 자금 지원을 중단할 것"이라고 내다봤다. 나는 이의를 제기했다. 유럽연합은 바로 사흘 전인 1월 28일 계속 원조할 것이라고 선언하지 않았는가. 클린턴 전 미국 대통령도 부시 대통령에게 팔레스타인에 계속 원조할 것을 요청했다. 그러나 그녀는 어림도 없다는 표정을 지으며 자리를 떴다.

사실 예루살렘과 라말라에서 하마스에 투표를 했다는 팔레스타인인들을 만나는 것은 쉽지 않았다. 내가 만난 대다수 팔레스타인인은 어떤 방식으로든지 서방의 외국인들과 이해관계가 깊었다. 그들은 대부분 하마스 집권에 어떤 두려움을 갖고 있었다. 그러면서도 당시 선거가 매우 공정하고 민주적인 방식으로 진행됐다는 점에서는 별다른 토를 달지 않았다.

부패한 파타당, 신뢰 쌓은 하마스
  :

1996년 1차 자치정부 의회선거를 거부했던 하마스는 10년 만에 의회선거에 참가하면서 눈부신 승리를 거두었다. 그 결과 총 132석 중 74석을 장악했다. 이 중 45석이 지역구에서 나왔다. 가자에서 15석을 확보함으로써 의석 65퍼센트를 차지한 반면, 난민촌이 밀집한 라파에서는 한 석도 얻지 못했다. 서안에서는 30석을 획득함으로써 의석 81퍼센트 정도를 차지했다.

선거가 끝난 뒤에 만난 팔레스타인인들은 하마스에 큰 기대를 걸고 있었다. 파타당 시대의 부정부패 척결과 팔레스타인 독립국가 건설의 꿈이 그 중심에 있었다. 사실 이러한 희망은 충분히 근거가 있는 것이었다.

팔레스타인 난민촌 어린이들을 위한 비정부기구에서 일하는 칼리드 나집(34세)의 말에 따르면, 하마스는 서안 저항운동의 중심지인 제닌에서 9

Palestine

팔레스타인 1월 25일 선거 결과

정당	정치상황	지역구	전국구(득표비율)	총의석	주요 이슈
하마스(H)	이슬람	45	29(44%)	74	변화 개혁, 이스라엘 점령에 대한 투쟁, 강력한 협상
파타(F)	자유주의	17(5석은 기독교 할당)	28(41%)	45	자치정부 개혁, 경제상황 개선, 평화협상
제3의 길			2(4.2%)	2	자치정부 개혁, 교육여건 개선, 공장건설, 평화협상
PFLP	사회주의		3(2.8%)	3	점령에 대한 투쟁, 협상 반대
대안			2(2.6%)	2	점령에 대한 투쟁
독립			2(2.3%)	2	개혁, 평화협상
무소속		4(4석은 기독교 할당)		4	

지역별 의석 현황

	지역	정당별 의석수
서안(42석)	예루살렘	H-4, F-2(기독교 2)
	제닌	H-2, F-2
	툴카름	H-2, 무소속(H 성향)-1
	투바스	H-1
	나블루스	H-5, F-1
	칼킬리야	F-2
	살피트	H-1
	라말라	H-4, F-1(기독교 1)
	제리코	F-1
	베들레헴	H-2, F-2(기독교 2)
	헤브론	H-9
가자(24석)	북가자	H-5
	가자	H-5, 무소속-3(기독교 1)
	데이르알발라	H-2, F-1
	칸유니스	H-3, F-2
	라파	F-3
전체 합계	하마스(H)-45 파타(F)-17(기독교 5석) 무소속-4(기독교 1석)	

년 전부터 종합병원을 운영하고 있었다. 나집의 친구 어머니는 그 병원에서 지난해 2005년 12월, 20일 동안이나 무료로 치료를 받았다. 하마스는 가자와 서안의 난민촌 등 빈민가에서도 작은 병원 92개를 운영하면서 가난한 사람들과 노인들을 무료로 진료해주었다. 가난한 대학생들에게 학자금도 대주었는데, 나집의 사촌동생도 그 수혜자 중 한 명이다.

하마스는 주로 모스크와 연대해 봉사활동을 해왔으며, 지금은 팔레스타인 내부와 세계의 무슬림형제단에서도 도움을 받고 있다. 나집의 말을 확인이라도 해주듯 라말라 중심가의 한 모스크 지붕 위에서는 승리를 축하하는 초록색의 하마스 깃발이 바람에 힘차게 나부끼고 있었다. 나집은 "대부분의 모스크 이맘(이슬람 성직자)들이 이번 선거에서 하마스를 지지했다"고 말했다. 1988년 창설 이후 계속돼온 사회봉사 활동을 통한 청렴한 이미지로 팔레스타인인들의 마음을 사로잡았다는 말이다.

알나자 대학의 정치학과 교수인 사타르 카셈(56세)은 이전에는 파타당 소속이었지만, 지난해 수반선거에서 '팔레스타인 난민 귀환권'을 주요 이슈로 삼아 무소속으로 출마했다. 2006년 선거에서 그는 하마스를 지지했다. 그는 "이번 선거에서 전직 파타당 당원이었던 사람들 몇도 하마스 후보로 출마해 당선됐다"고 전했다. 해체 위기에 직면한 파타당과 달리 하마스는 모스크를 중심으로 팔레스타인 주민들 속에 뿌리를 두고 중앙에서 조직적으로 선거를 지휘했다는 것이다. 그 덕분에 선거에서 하마스 출신의 무소속 후보는 단 한 명도 없었다. 당파에 속하지 않은 주민들과 다수의 파타당 당원조차 하마스에 투표했다고 한다. 카셈 교수는 이것이 결정적인 승리 요인이라고 분석했다.

적신월사에서 근무하는 파티 펠레펠(38세) 박사는 이렇게 한탄했다.

Palestine

"자치정부 10여 년 동안 이스라엘과 협상해서 얻은 것은 아무것도 없을 뿐만 아니라, 우리의 삶은 더욱 힘들어졌습니다. 우리는 심지어 우리가 생산한 농산물을 이 도시에서 저 도시로 옮길 수도 없었습니다. 툴카름에서 생산한 농산물을 라말라에서도 팔 수 없었다는 거죠. 우리는 모두 도시 단위로 갇혀 있습니다. 이것이 10여 년 동안 이스라엘과 협상한 결과죠."

나는 그 한 달 전에 둘러본 툴카름과 칼킬리야Qalqilya가 생각났다. 이전에 그 지역은 토양이 검은 빛을 띨 정도로 비옥했고, 오렌지 농장이 즐비했다. 그런데 지금은 떨어져 썩어가는 오렌지들로 땅이 누렇게 변해버렸다. 칼킬리야에서 만난 오렌지 농장 주인인 무함마드(35세)는 오렌지를 팔 곳이 없어 수확할 필요도 없다면서 자신의 농장으로 나를 안내했다. 무함마드는 썩은 오렌지들과 올리브 열매를 가리키며 말했다.

"이스라엘의 이동 차단과 수출 금지 정책으로 판로를 찾을 수 없습니다. 저기 분리장벽을 보세요! 저 너머에 제 올리브 농장이 있습니다. 분리장벽 건설 이후에는 들어갈 수조차 없습니다. 저 철책 장벽에는 전기가 흐릅니다."

팔레스타인인들은 2002년부터 시작된 분리장벽 건설 이후 처절하게 깨닫게 되었다. 점령 상황이 끝나지 않는 한 아무것도 달라지지 않으리라는 것을 말이다.

하마스와 파타당의 요구는 다르지 않았다

:

2006년은 팔레스타인인들에게 중요한 갈림길이었다. 그러나 팔레스타인 사람들은 2006년 선거에서 파타당 정부를 향한 불만을 표출했다는 것 외에 무엇이 달라질 것으로 기대했을까? 하마스는 파타당과 어떤 다른 입장과 정책을 가지고 있었던 것일까?

현재 팔레스타인의 주요한 정치단체들은 크게 PLO 소속의 13개 단체와 하마스로 분류된다.

팔레스타인 독립국가 건설을 목표로 내세운 PLO 내부에서는 자유주의자가 주류인 파타당이 최대 정파이다. 그 밖에 PLO는 팔레스타인해방인민전선^{PFLP}을 비롯한 사회주의자 그룹들, 이슬람주의자인 이슬람지하드 등으로 구성돼 있다. 1967년 3차 중동전쟁에서 이스라엘이 동예루살렘과 서안지구 그리고 가자지구를 점령한 이후 1987년 1차 인티파다가 발발할 때까지 팔레스타인 무장투쟁은 PLO 내의 사회주의 무장단체가 주도했다.

1948년 이스라엘 건국 이후 이집트에 본부를 둔 대표적인 이슬람주의자 단체인 이슬람형제단은 주민교육과 사회봉사 등에 주력하면서 1967년까지 가자지구에서 사회조직들을 거의 독점적으로 지배하다시피 했다. 1987년까지는 독립국가 건설을 위한 무장투쟁에 공식적으로 관여하지 않았으나, 서안과 가자지구 등 점령지 내부에서 사회주의자 무장단체들과 때때로 제휴도 했다.

1970년대 이후 점령지에서는 다수의 연구소, 노동조합, 전문가단체를 비롯해 학생·청년·여성 등 사회단체와 자선기구가 조직되었다. 이 조직들은 모두 PLO 내의 각 단체와 연결되었고, 각종 활동을 통해 팔레스타

Palestine

팔레스타인의 사회주의 계열 정당 PFLP의 정치집회 장면. 어린 여학생들의 활동이 눈에 띈다.

인인들이 정치에 눈뜨게 했다.

또 1970년대 말경에 고등교육기관들이 연이어 설립되면서 팔레스타인 정치사회 발전의 중심이 되었다. 이 기관들은 이전에 고등교육제도에 접근하지 못했던 사람들에게 기회를 주었다. 하마스가 창설되기 전까지 이슬람형제단의 주요 활동 영역은 정치를 제외한 모스크와 대학이었다. 이슬람 대학생 대다수는 난민촌, 농촌마을 또는 하층민 출신이었다.

이슬람형제단은 팔레스타인 민족국가 건설을 목표로 내걸고 하마스를 창설하면서 강력한 정치세력으로 탈바꿈하였다. 하마스가 단기간에 PLO 와 쌍벽을 이루는 강력한 정치세력으로 등장할 수 있었던 데에는 활발한 교육사업과 사회봉사 활동이 중요한 토대가 되었다. 하마스는 1차 인티파다 직후인 1988년 창설됐는데, 이는 이스라엘의 야만적인 점령정책이 사회세력을 정치세력으로 바꾸는 데에 결정적인 역할을 했음을 말해준다.

이후 팔레스타인의 저항운동은 크게 PLO와 하마스를 두 축으로 진행됐다. 1988년 PLO는 동예루살렘, 서안, 가자지구에서 독립국가 수립을 선언했다. 이것은 결국 이스라엘 영역을 포함한 팔레스타인 전역에 팔레스타인 민족국가를 수립하겠다는 목표를 포기하고, 이스라엘 국가를 합법적으로 인정한 셈이었다.

하마스는 이런 PLO 선언에 반대하면서 팔레스타인 전역에 민족국가 건설을 목표로 내세웠다. 하지만 2003년 하마스의 창설자 아흐마드 야신은 독트린을 통해 동예루살렘, 서안과 가자지구에 팔레스타인 국가 건설을 표방했고, 2006년 총선 이후 야신의 후계자이며 하마스 최고 지도자인 칼리드 마샬 역시 이 세 지구에서 국가 건설 목표를 밝혔다.

PLO와 하마스가 내세운 목표가 일치하듯이 현재 PLO 지지자들과 하마스 지지자들 사이에는 확고한 이념적인 분열선이 존재하지 않는다. 또 PLO 내부에서도 사회주의자들과 자유주의자들 사이의 경계가 모호하다. 이는 2005년 수반선거나 2006년 의회선거에서도 증명되었다. 특히 수반선거에 출마했던 무스타파 바르구티는 사회주의단체 활동 경력을 가진 지도자였으나, 선거에서는 자유주의 성향을 지닌 주민들의 지지를 받아 20퍼센트 이상 득표했다. 또 의회선거에서는 파타당 소속의 활동가들이 일부 하마스 후보로 출마하고 하마스 지지자로도 돌아섰다. 이것은 팔레스

Palestine

타인 정치사회의 이념적인 유연성을 증명한다.

현재 팔레스타인에는 자유주의자, 사회주의자, 이슬람주의자들이 공존한다. 여론 조사에 따르면, 2009년 8월 현재 기독교인들은 자유주의자가 주류인 파타당에 29퍼센트, 사회주의자단체인 PFLP에 17퍼센트, 하마스에 7퍼센트의 지지를 보냈다. 초기 하마스 정부 내각의 장관들 가운데 관광장관은 기독교인이었고, 하마스는 파타당과 연립 정부 구성을 제안했으나 거절당했다. 이러한 상황은 팔레스타인 주민들 사이에서 일정한 정치이념이나 종교가 확고한 불변의 경계로 갈려 있지 않음을 보여준다.

하마스와 파타당의 결정적인 차이라면 이 둘을 대하는 이스라엘 태도가 다르다는 것이다. 하마스와 파타당이 거의 다르지 않는데도 이스라엘은 마치 하마스를 '절대악'인 양 취급하고, 팔레스타인 사람들의 대표자, 자신들의 협상 대상자로 인정하지 않는다. 2006년 6월 이후 이스라엘은 팔레스타인 자치정부 청사를 비롯해 점령지에서 하마스 정부 해체를 당면 목표로 대규모 공격을 일삼았다. 이해 9월까지 서안지구의 하마스 출신 장관 9명, 의회의원 21명, 당 지도자 32명, 이들 지지자 538명 등 총 600의 하마스 구성원이 이스라엘 감옥에 갇혔다. 이스라엘은 이들을 군사법정에 세우긴 했으나, 혐의에 대한 어떠한 증거도 제시하지 못했다.

팔레스타인인들은 2006년 1월 민주적인 선거를 거쳐 정부와 의회를 구성했다. 그 선거는 1990년대 오슬로협정 과정에서 이스라엘이 이미 팔레스타인인들과 합의한 것이었고 미국을 포함한 국제사회도 매우 공정하게 치러진 선거로 인정했다. 그런데 왜 유독 이스라엘은 하마스를 끝끝내 거부했을까?

이스라엘의 하마스 붕괴 작전

⋮

하마스 정부는 팔레스타인 전 영토의 22퍼센트(이스라엘이 국제법상 불법으로 점령한 동예루살렘과 서안, 가자지구)에 독립국가 수립을 목표로 한다. 이에 하마스는, 1967년 6월 전쟁 이전의 휴전선으로 국경 획정, 점령촌의 완전한 철거, 동예루살렘의 주권 회복, 1948년 점령된 땅(현 이스라엘 국가 영역)에서 추방된 난민을 포함해 500만여 명에 이르는 팔레스타인 난민 귀환, 1만여 명에 이르는 이스라엘 감옥에 수감된 팔레스타인인 석방, 팔레스타인 자치구에서 이스라엘군의 완전한 철수를 이스라엘에 제시했다.

하마스가 내세운 이 협상 주제들은 새로운 것이 전혀 아니다. 팔레스타인인들이 협상 테이블에 올릴 것을 계속 주장해왔으나 파타당 정부가 '나 몰라라' 한 것들이다. 지리멸렬한 파타당 정부의 협상력에 실망한 하마스와 팔레스타인 무장단체들은 자살폭탄공격을 동반한 2000년 2차 인티파다를 주도했다. 이를 빌미로 이스라엘은 분리장벽을 쌓기 시작했고, 자살폭탄공격을 주도한 팔레스타인 무장단체들 즉, 하마스·이슬람지하드·PFLP·팔레스타인해방민주전선[DFLP]·팔레스타인인민당[PPP]·알아크사 순교 여단 등을 '테러단체'로 지목하면서 팔레스타인 자치정부에 이 단체들을 분쇄할 것을 요구했다.

이러한 이스라엘의 구상은 이스라엘 샤론 총리와 팔레스타인 자치정부 마흐무드 압바스 총리의 협상에 반영되었고, 2003년 4월 '로드맵' 협상에서 구체화했다. 로드맵은 당시 위기의 원인이 '팔레스타인 무장단체들의 이스라엘 공격'에 있다고 밝히고 있으나, 무장공격의 전제가 되는 '이

Palestine

아라파트 전 수반의 묘지.

스라엘의 공세적이고 야만적인 점령정책'은 전혀 언급하지 않았다. 다만 무장저항세력들을 테러리스트로 지목했을 뿐이다. 로드맵 구상이 실현될 경우 자치정부 보안군과 무장단체들 사이의 내전은 불가피했다. 이처럼 로드맵은 이스라엘의 주장을 그대로 반영한 것이다.

2006년 이스라엘이 공격 목표로 삼은 하마스 정부 붕괴는 이러한 분명하고 일관성 있는, 오래된 점령정책의 연장선에 있는 것이며 새로운 돌발적 상황이 전혀 아니다. 하마스 정부 수립 이후 로드맵의 구상이 실현되는 것처럼 보이기도 했다. 실제로 가자지구에서 자치정부의 주요 세력이었던 파타당과 하마스 사이에서 전투도 벌어졌다. 그러나 서안지구로까지 확대되지는 않았다. 이스라엘의 암묵적인 지원에도 파타당이 하마스를 제압할 수는 없었던 것이다. 이렇게 팔레스타인인들이 하마스를 중심으로 통합되는 상황이 이스라엘로서는 위기다. 이런 배경에서 이스라엘이 직접 하마스 정부 붕괴 작전을 감행하기로 결정한 것이다.

그런데 세계 언론들은 하마스 정부가 협상을 '거부'하며 '이스라엘의 존재를 인정하지 않는다'는 거짓 소문을 퍼뜨린다. 하마스는 다만 일방적으로 이스라엘의 전략에 휘말려드는 로드맵을 따르기보다는 자신들도 이스라엘과 대등한 협상자로 협상 프로그램을 제시할 수 있다는 입장이었던 것뿐이었다.

이스라엘은, 자신들이 제시한 협상 주제들을 하마스가 전면 거부하고, 자신들의 존재도 인정하지 않는다고만 주장했다. 그러나 존재를 인정하지 않은 건 이스라엘이었다. 이스라엘이 하마스를 테러리스트 단체로 지목해 해체를 시도하는 상황이어서, 하마스는 수사적으로 이스라엘의 존재를 불인정할 수밖에 없었던 것이다.

하마스를 포함한 팔레스타인인들은 자신들이 실제로 존재한다는 점을 제외하고는 이스라엘에 대항할 어떤 수단도 갖고 있지 않았다. 그러나 이스라엘은 팔레스타인인들의 생존권을 무시하면서 압도적인 무력을 앞세워 강력한 정치, 경제력으로 팔레스타인인들을 헤어날 수 없는 곤경으로 몰아넣고 있다. 미국을 비롯한 서방세계뿐만 아니라 주변의 권위주의적인 아랍국가 정권들도 이스라엘과 연대하고 말이다.

이렇듯 이스라엘이 모든 측면에서 우세한 상황이므로, 팔레스타인인들의 정치적 실체를 인정하는 내용을 담은 공정한 협상만이 하마스를 포함한 팔레스타인인들의 유일한 희망이자 대안이었다. 하마스는 이 사실을 분명히 알고 있었고, 자신들이 제기한 협상 주제들을 성취하기 위해 계속 협상을 시도한 것이다.

서방 강대국들의 침묵 혹은 공모

2008년 12월 27일 가자지구를 공격■한 이스라엘은 공격 개시 23일 만인 2009년 1월 18일 휴전을 선언했다. 18일자 팔레스타인의 한 신문 보도에 따르면, 영국이 이스라엘의 가자 점령을 지원하기 위해 보안 정보와 물자를 제공하며, 홍해와 아덴만 지역으로 영국 해군을 파병하기로 이스라엘과 협정을 맺었다고 한다. 이날 치피 리브니 이스라엘 외무장관은 서안과 가자 전역에서 계속되는 이스라엘의 군사 점령을 지원하기 위한 보안 정보 장비와 요원을 제공할 것이라는 미국의 확약서도 받았다. 이전까지 이스라엘에 대한 미국의 지원은 무기와 연간 수십억 달러의 재정 지원에 한정되었다.

이처럼 미국과 영국이 군사 지원을 강화하는 이유는 하마스의 재무장 능력을 억제하기 위한 것으로 보인다. 이스라엘의 유력 일간지 《하레츠》에 따르면 프랑스, 독일, 이탈리아 등 유엔 지도자들도 이스라엘의 안보 논리를 내세우면서 하마스의 무장을 해제하기 위해 지원하겠다고 밝혔다.

23일간의 공격 기간 중 이스라엘은 전투기를 2,500여 차례 출격시켰고, 전차·포병 부대·함정 등을 동원해 가자 전역을 초토로 만들었다. 하마스와 팔레스타인 무장단체들은 고작 778발의 로켓과 박격포로 맞섰을 뿐이다. 이스라엘군은 팔레스타인인 1,300명 이상을 살해한 반면 하마스와 팔레스타인 무장단체들은 이스라엘인 8명을 살해했을 뿐이다(이스라엘 측 사망자는 총 13명인데 5명은 이스라엘의 오폭으로 사망했다). 이것은 이스라엘과 하마스 간 화력의 불균형을 명백하게 보여주는 단적인 예다.

가자 공습 약 한 달 전인 2008년 11월 4일에도 이스라엘은 가자의 하마스를 직접 공격해 하마스 대원 6명을 살해했다. 그런데도 하마스가 명목상의 휴전 상태로 곧바로 복귀한 것을 보면, 애당초 팔레스타인 땅에서 휴전 같은 건 존재하지 않았고, 이스라엘의 거의 일방적인 팔레스타인인 살해만 계속되었다고 보아도 무방할 것이다.

상황이 이러한데도 주요 외신과 미국, 영국, 프랑스를 비롯한 강대국 정부들은 "이번 전쟁은 하마스의 로켓탄 발사에서 비롯되었다"고 규정했다. 그러면서 분쟁의 빌미가 되는 하마스는 무장 해제하고, 이스라엘은

■ 이스라엘군이 팔레스타인 무장대원 3명을 사살해, 팔레스타인이 이스라엘에 70여 발의 로켓탄을 발사했다. 이를 빌미로 이스라엘은 하마스 정부가 있는 가자지구를 공격했다.

무장을 강화해야 한다고 결정했다. 미국과 이스라엘은 이미 오래전부터 하마스를 비롯한 팔레스타인 무장단체들을 해체하려 했다. 이것이 2003년 부시 행정부가 중재하고 유엔, 러시아, 유럽연합이 동의해 체결된, 팔레스타인 자치정부와 이스라엘 간의 '중동평화 로드맵'의 핵심 내용이다.

이스라엘을 비롯한 유엔, 미국, 러시아, 유럽연합은 여전히 이러한 관점을 공유하고 있다. 이런 국제적 상황은 결국 더 많은 팔레스타인인의 피를 요구하게 될 것이다. 사실 유엔과 강대국들은 1948년에 이스라엘 건국 과정에 관여함으로써 분쟁을 원초적으로 유발시킨 책임자들이며, 분쟁에 대한 해결은커녕 갈등을 격화시키는 데 결정적인 역할을 해왔다. 19세기 말 팔레스타인 땅에 있는 유대인은 고작 3퍼센트였고, 기독교인이 9퍼센트, 이슬람교도들이 88퍼센트였다. 이스라엘은, 영국과 서구가 유엔과 협력해 팔레스타인 땅에 세운 식민 국가이다.

이제 더 늦기 전에 유엔과 미국 등 강대국들은 팔레스타인 분쟁의 원인 제공자는 하마스와 팔레스타인 무장단체가 아니라 자신들과 이스라엘이라는 사실을 깨닫고 평화적인 해결책을 모색해야 할 것이다.

Palestine

너무쉬운대통령만나기

| 서정환 |

2009년 8월 30일 저녁, 나는 하비에르 솔라나 ^{Javier Solana} 유럽연합 외교정 책 대표가 다음 날 라말라를 방문해 파야드 팔레스타인 자치정부 총리를 만날 예정이라는 뉴스를 접했다. 언젠가 집회 현장에서 만난 《로이터통 신》 소속 기자 아루리에게 전화를 걸어 취재 절차에 관해 아는지 물어보 았다. 대답은 너무 간단했다.

"응, 문제없어! 택시 타고 총리공관까지 가서 기자회견장이 어딘지 물어봐. 거기 직원들이 안내해줄 거야."

"정말 내가 그 기자회견에 참석할 수 있어? 거쳐야 할 절차가 있지 않아?"

"없어. 그냥 가면 돼."

"정말이지?!"

"하하! 가보면 알게 될 거야."

관련 절차를 문의할 방법이 없어 나는 별수 없이 아루리의 말을 믿기로 하고 회담이 열리기 30분 전인 저녁 7시경에 총리공관을 찾았다. 이스라엘 언론사무국에 제출했던 온갖 서류의 사본을 다 싸들고 가서 말이다.

한국에서는 정부청사나 관청, 국회, 군부대 등 공공기관을 방문하려면 적어도 만나야 할 공무원과 미리 약속이 되어 있어야 하고 입구에서 주민등록증이라도 맡겨놓아야 출입증을 받을 수 있다. 나는 이런 절차를 공공기관의 안전을 위한 최소한의 조치로 이해했기 때문에 반드시 신분증을 지참해갔고 기꺼이 출입신청서를 작성했다.

그러나 팔레스타인 총리공관에서는 준비해간 여권과 각종 서류를 한 번도 꺼내 보일 일이 없었다. AK소총으로 무장한 경찰은 낯선 동양인이 접근하는데도 전혀 경계하지 않았다. 가까이 다가가 "총리공관이 어디냐"고 묻자 씽긋 웃으면서 손가락으로 한 건물을 가리켰다.

공관 입구에 이르러 둘러보니 별도의 안내 데스크는 보이지 않았다. 다만 눈매가 부리부리하고 체구가 다부진, 양복을 입은 경비원이 서 있을 뿐이었다. 드디어 긴장해야 할 순간이 왔구나 하고 여긴 나는 "오늘 저녁 파야드 총리와 솔라나 대표의 회담을 취재하고 싶다. 한국에서 왔고 이름은 서정환이라고 한다"고 말한 후 서류를 꺼내 보이려 했다. 그러나 그 경비원은 내 소개가 끝나자마자 "환영한다. 그러나 회담 시간이 30분 늦춰졌다. 8시에 두 분이 만나는 회담장 사진을 찍을 수 있고 회담이 끝난 뒤에는 2층 브리핑실에서 기자회견이 있을 것이다"며 직접 브리핑실로 안내해주었다. 낯선 이에게 눈곱만큼의 의구심이나 경계심도 보이지 않는 것이 신기했다.

8시가 되자 다른 경호원이 나를 찾아와 회담장으로 안내했다. 정말 회담장에는 차기 선거에서 유력한 수반 후보로 꼽히는 파야드 총리와 솔라나 외교정책 대표가 마주 앉아 있었다. 유일한 동양인 기자라서 눈여겨봐 둔 것인지, 파야드 총리는 이후 빌린 마을을 방문했을 때 나의 카메라를 향해 손을 흔들어보이기도 했다.

정적 없는 대통령
　:

　대통령을 만나는 절차는 어떨까? 약간 더 까다롭고 제약은 있었지만 이 역시 한국의 여느 정부청사 방문 절차에 비해서는 훨씬 수월했다. 팔레스타인에서는 대통령궁을 '무카타^{Mukata}'라고 한다. 9월 15일은 조지 미첼 미국 중동특별대사가 대통령궁을 방문해 압바스 현 팔레스타인 수반을 만나는 날이었다. 팔레스타인에 어느 정도 적응한 나는 미리 대통령궁에 전화를 걸어 취재 가능 여부와 출입 절차에 관해 물어보았는데 이번에도 "환영한다. 회담 시간에 맞춰 방문하라"는 대답만 들었다.

　과연 대통령궁 정문 앞 경비실에서 여권과 가방 안을 보여주는 절차만 거쳤을 뿐 나는 이번에도 가뿐하게 대통령궁으로 들어갈 수 있었다. 그래도 예상 못한 상황은 벌어지기 마련이다. 저녁 6시경 조지 미첼 특사가 대통령궁에 도착하자 곧이어 대통령 비서실 직원이 대통령궁 현관 입구에서 대기하던 기자들을 향해 "미리 알려드린 대로 풀(pool, 여러 언론 기자들 중 대표취재단)에 속한 카메라 기자들은 이쪽으로 모이라"고 소리쳤다. 어깨에 카메라를 멘 기자들이 순식간에 그 직원 앞으로 달려갔고, 곧장 회담장으로 들어갔다. 팔레스타인 주재 언론사의 풀 구성에 관해 알 턱이

팔레스타인 대통령궁 무카타 앞. 기자들이 조지 미첼 미국 중동특사를 기다리고 있다.

없던 나는 '아차!' 싶었으나 일단은 현지 기자들을 황급하게 뒤따라갔다. '어물쩍 넘어가 주면 좋으련만, 사진 촬영을 거부당할 경우에는 통사정이라도 해보자'는 속셈이었다.

   그런데 나의 시도는 어처구니없이 쉽게 성공했다. 비서실 직원은 내가 다급히 뭔가 설명하기도 전에 애태우는 내 표정을 읽고는 어깨를 툭 치며 "빨리 들어가라"고 말하는 것이 아닌가. 행색을 보아 하니 멀리서 온 동양인 기자 같아서 그야말로 '어물쩍' 넘어가 준 것이었다. 나는 서둘러 회담장에 들어갔고, 조지 미첼 특사와 나란히 앉은 압바스 수반을 직접

Palestine

마흐무드 압바스 수반(왼쪽)과 살람 파야드 총리(오른쪽). 파야드 총리는 미국 텍사스 대학교에서 경제학 박사학위를 받고 세계은행에서 근무한 바 있어 팔레스타인 정치인 중에서 대표적인 '경제통' '미국통'으로 통한다. 차기 선거에서 가장 당선 가능성이 많은 수반 후보이다.

볼 수 있었다.

어째서 팔레스타인 대통령과 총리는 이렇게도 만나기 쉬운 걸까? 그들을 위협할 치명적인 정적이 없기 때문이다.

한국을 포함한 세계 대부분 언론은 파타당의 압바스를 팔레스타인 수반으로, 파야드를 총리로 소개하고 있다. 그러나 앞서 잠시 언급했듯이 팔레스타인의 실제 집권당은 2006년 1월 총선에서 의석 132석 중 74석을 획득하며 승리한 하마스다. 파타당이 팔레스타인인들의 민심을 잃고도 최소한 서안지구 안에서 집권당 행세를 하는 이유는 근본적으로 그들이 서방세계의 지지를 얻고 있기 때문이다. 서방세계의 지지란 곧 해외에서 돈을 끌어올 수 있다는 것을 뜻하는데, 지나치게 경제구조가 대외 의존적인 팔레스타인에서 이것은 곧 국민들의 정치 성향까지 좌우할 수 있음을 의미한다.

권력은 민주주의가 아니라 돈이 만든다?

팔레스타인의 경제체제는 한마디로 '원조경제'다. 팔레스타인에서 생산되어 팔아먹을 수 있는 물건이라야 고작 지천에 널린 올리브나무에서 딴 열매가 전부라 해도 과언이 아니다. 팔레스타인의 2008년도 1인당 GDP는 3,000달러에도 미치지 못했다. 학교와 병원 등 팔레스타인 전역에 펄럭이는 난민구호사업기구나 유엔개발계획, 적신월사 그리고 그 외수많은 NGO의 깃발에서 보듯이 해외 원조는 팔레스타인인들의 가장 중요한 생활 기반이다.

직접적으로는 서안과 가자지구에서만 난민 170만 명 이상이 난민구호사업기구에서 제공하는 식량과 교육, 의료 서비스의 도움을 받고 있으며, 난민이 아닌 팔레스타인인들도 공공기관이나 외국의 정부·비정부기구에서 일하며 월급을 받는 식이다. 오슬로협정이 체결된 직후인 1994년 초부터 하마스가 집권한 2006년 말까지, 팔레스타인에 풀린 해외 원조는 무려 80억 달러에 이른다.■ 이 돈은 대부분 '이스라엘의 존립을 인정하며 대화를 통한 평화협상에 임한다'는 내용을 골자로 한 오슬로협정에 서

Palestine

명한 PLO를 통해 들어왔다. 이는 곧 PLO 후신인 파타당 정부의 물질적 기반을 의미했다.

하마스의 경우는 아랍사회에서 정치, 종교적 성격이 유사한 이슬람주의 단체의 지원을 받는다. 그러나 파타당을 통해 들어오는 돈에 비하면 아주 적다. 더욱이 가장 든든한 후원자였던 이라크의 후세인 정권까지 무너져 하마스의 물질적 기반은 더 취약해졌다. 이것이 바로 파타당 정부가 2006년 총선 결과에 승복하지 않고 정부 행세를 할 수 있는 배경이다.

2006년 총선 이후 하마스가 집권세력이 되자 미국과 유럽연합 등 서방세계는 팔레스타인에 원조를 중단하는 한편 금융 제재까지 가했다. 그러자 하마스의 영향력이 약한 서안지구의 민심이 동요했고, 여기에 미국이 무언의 압박까지 가하면서 (결과적으로) 파타당에 판세가 유리해졌다. 이 때를 틈타 2007년 6월 마흐무드 압바스 수반이 쿠데타를 일으켰다. 서안지구에서 하마스와 이루었던 공동내각을 파기하고 하마스 소속 정치인과 관료를 구금한 뒤 긴급 내각을 구성한 것이다. 이 새로운 내각에서 총리로 지명된 이가 바로 지금의 파야드 총리다. 짜고 치는 고스톱 판처럼 미국과 유럽연합은 즉각 '새 내각을 유일하고 합법적인 팔레스타인 정부로 인정한다'며 경제 제재 조치 해제와 원조 재개를 약속했다.

2007년 12월 17일 개최된 '팔레스타인 원조공여국 회의'에서 압바스 수반은 "팔레스타인의 개발 지원을 위해 2010년까지 56억 달러 정도를 원조해달라"고 요청했고, 미국과 유럽연합은 2008년에 각각 6억 5,000만, 5억 5,000만 달러를 제공해주겠다며 '화답'했다. 한국 정부에서도

■ Anne Le More, *International Assistance to the Palestinians After Oslo*, (Routledge, 2008).

송민순 당시 외교통상부 장관이 이 회의에 참석해 '2010년까지 2,000만 달러를 지원할 것'이라고 발표한 바 있다. 이렇듯 '물주'들이 든든하니, 팔레스타인인들로서는 제아무리 부패하고 이스라엘에 끌려다니기만 하는 무능한 정부일지라도 내쳐버리기 곤란한 것이다.

사랑할 수도 버릴 수도 없는 파타당

파타당 정부는 이스라엘에게도 최적의 파트너다. 2011년 1월 23일 아랍방송 '알자지라' 보도에 따르면, 2008년 파타당 정부는 이스라엘에 "예루살렘 영토를 대부분 이스라엘에 양보할 테니 서안과 이스라엘 경계 지역에 있는 팔레스타인인 거주지들을 넘겨달라"는 것과 "'하람알샤리프'를 팔레스타인, 미국, 사우디아라비아, 이집트, 요르단이 공동 관리하게 하자"는 방안을 제안했다. 이것은 60년 이상 끌어온 이스라엘-아랍 분쟁의 핵심 내용인 예루살렘을 포기하겠다는 것으로, 전 팔레스타인인들과 아랍사회에 큰 충격을 주었다.

내가 팔레스타인에 머물던 2009년 말, 유엔인권위원회에서는 2008년 이스라엘의 가자 공습 때 발생한 전쟁범죄 행위에 관해 토론을 열 예정이었는데, 파타당 정부 대표는 자청해서 이 토론을 연기했다. 팔레스타인 사람들이 반발하자 결국 파타당 정부는 결정을 번복하고 사과했으며 이 결정 과정에 대한 진상 조사를 약속했다.

파타당 정부가 하마스 소속 정치인들을 감금하면서까지 꿋꿋하게 '협상을 통한 평화'를 외치는 사이에 이스라엘 정부는 마음 놓고 점령촌을

Palestine

확대해나갔고, 동예루살렘에서 팔레스타인 주민들의 집을 파괴할 수 있었다. 앞서 소개한 파야드-솔라나 회담이나 압바스-미첼 회담에서 오고간 얘기들은 현지에서는 너무 지긋지긋한 것이 되어버렸다. 회담 결론이 늘 같았기 때문이다. "이스라엘은 불법적인 점령촌 건설을 중단해야 한다. 그러나 우리는 대화를 통한 평화협상을 계속할 것이다."

팔레스타인인들 입장에서 보면 파타당 정부는 부패하고, 무능하며, 이스라엘과 서방세계의 비위를 알아서 맞추는 '괴뢰 정부'다. 그러나 자신들이 먹고 마실 물자를 들여오는 단 하나의 창구임은 분명하다. 이스라엘과 서방으로서는 파타당이 팔레스타인 내부를 다 통제하지 못하는 것이 아쉽지만, 그나마 가장 고분고분한 대표체니 어쩔 수 없는 것이다. 그러다 보니 파타당이 장악한 서안지구에서는 수반, 총리 등 정부 관계자에게 살의를 품을 만한 정적이 없다.

1970년대부터 교육과 종교 활동으로 밑바닥을 다져온 하마스는 팔레스타인인들에게는 조금 더 입바른 말을 잘하고, 강력해보이는 정치세력이긴 하다. 그러나 이들이 그리 달갑기만 한 존재는 아니다. 정치에서는 무엇보다 인민들을 먹여살릴 능력이 중요하기 때문이다.

손잡은 파타당과 하마스

| 홍미정 |

2011년 초 이집트에서는 민주주의라는 거대한 정치적 대지진이 발생했다. 진원지를 바로 곁에 끼고 있는 팔레스타인은 직접적인 영향을 받았다. 2011년 들어 팔레스타인 사람들은 9월에 열릴 유엔 총회에서, 1967년 6월 전쟁 이전의 국경 내에서 건국을 승인받기 위해 본격적으로 움직이기 시작했다. 이러한 움직임은 2011년 5월 그동안 정치적 라이벌, 아니 '적'과 다를 바 없었던 파타당와 하마스가 통합정부를 구성키로 합의함으로써 폭발적인 동력까지 얻게 됐다.

이런 가운데 2011년 7월 중동평화를 위한 4자위원회가 새로운 중동평화안을 논의했으나 별다른 성과를 거두진 못했다. 사실 논의 내용은 2011년 5월 19일 버락 오바마의 워싱턴 연설에 토대를 둔 것이며, 팔레스타인인들이 유엔 차원에서 국가 건설 문제를 논의하려는 것을 막으려는 의도라는 게 대체적인 시각이다.

Palestine

건국을 가로막는 무리들

이집트혁명 이후 오바마가 생각한 중동평화 구상이란 뭘까? 이런 상황에서 팔레스타인인들의 정치적 통합이란 어떤 의미일까? 그리고 그 대안은 없을까?

위싱턴 연설에서 오바마는 "팔레스타인인들이 9월에 유엔에서 팔레스타인 건국을 승인받으려는 행위는 이스라엘 국가의 합법성을 부인하는 것으로, 이 방법으로는 독립국가를 세울 수 없다"고 주장했고, "미국은 이스라엘의 안보에 헌신하고 있으며, 이스라엘을 소외시키려는 국제사회의 토론에 반대한다"고 밝혔다. 이것은 팔레스타인인들이 유엔이라는 국제기구를 통해서 팔레스타인 국가를 세우려는 노력을 중단시키고, 팔레스타인 사람들과 그 땅을 미국과 이스라엘이 통제하겠다는 뜻으로 풀이된다.

이 연설에서 오바마는 두 국가 해결안Two-State Solution, 즉 유대국가로서 특별한 정체성을 갖는 이스라엘과 비무장한 팔레스타인 국가를 제시했다. 이것은 튀니지와 이집트를 비롯한 아랍 전역으로 번져가던 민주화 요구가 이스라엘의 군사 점령 상태에도 영향을 미칠 것이며, 이로 인해 이스라엘이 잠재적인 혁명 세력인 팔레스타인인들을 앞으로 영원히 점령하기 어려우리라는 판단에서 나온 것이다. 즉 인종차별주의적인 점령정책을 실행하는 이스라엘도 권위주의적인 아랍국가들과 마찬가지로 중동 전역으로 퍼져가는 민주화 열풍을 피해가기 힘들 것이라고 판단한 것이다.

유대국가로서 이스라엘을 강조한 오바마는 "생존 가능하고, 비무장한 팔레스타인 국가는 1967년 경계에 토대를 두어야 한다"며 국가 영역을 구체화했다. 오바마의 연설은 2003년 로드맵에 토대를 둔다. 로드맵 전

팔레스타인 의회 건물. 2006년 선거 이후 파타당과 하마스가 분열되면서 기능을 상실했다.

문에는 "양측이 협의한 해결안은 독립적이고, 민주적이며, 생존 가능한 팔레스타인 국가의 출현을 이끌 것"이라고 명시되어 있다. 이 로드맵 협상에는 4자위원회도 참관했다. 4자위원회는 미국의 계획을 추인하는 역할을 맡고 있다.

　로드맵은 무엇보다도 가장 먼저 팔레스타인 자치정부에게 하마스 같은 무장정치단체 해체를 요구함으로써 내전을 유도했다. 사실은 이것이 로드맵의 최우선 목표였다. 오바마의 이스라엘ー팔레스타인 관련 연설들에서 '하마스 테러리스트'라는 주제는 거의 매번 강조된 반면, 거의 매일 반복되는 이스라엘 군대와 점령민들의 팔레스타인인들에 대한 잔혹한 테러 행

Palestine

위는 언급된 적이 거의 없다. 하마스의 테러 행위는 이스라엘과 비교하면, 규모나 빈도수에서 비교가 되지 못한다. 이런 점에서 오바마의 시각은 절대적으로 이스라엘에 기울어 있다.

이번 워싱턴 연설에서도 오바마는 "파타당과 하마스의 통합이 이스라엘에 대한 심각한 도전이며 현재 직면한 난제"라고 지적했다. 그리고 "이스라엘과 협상하려면 팔레스타인인들이 이 문제를 해결해야 하며, 중동평화를 위한 4자위원회와 아랍국가들은 이 난국을 벗어나기 위해 모든 노력을 기울여야 한다"고 주장했다.

2011년 5월 3일 카이로에서 파타당과 하마스를 포함한 팔레스타인의 13개 파벌 사이에서 통합협정이 이루어졌고, 파타당과 하마스는 1년 이내에 수반선거와 의회선거를 실시할 때까지 임시정부를 구성하기로 합의했다. 그러나 오바마와 이스라엘은 하마스를 테러리스트라고 주장하면서, 통합정부 구성 움직임에 제동을 걸었다. 결국, 2003년 로드맵과 2011년 오바마가 말한 팔레스타인 건국 얘기는 이스라엘의 안전을 확보하기 위한 것일 뿐 진심은 아니라고 봐야 한다.

무엇이 최선인가

내가 생각한 최상의 대안은 이스라엘 점령지와 팔레스타인 국가 영역을 완전히 하나로 통합해, 팔레스타인인들과 이스라엘인들에게 동등한 시민권을 부여하는 한 국가를 세우는 것이다. 이 해결안이 혈통이나 종교 같은 배타적인 정체성을 넘어서서 보편적인 인권과 민주주의를 실현할 가장 바람직한 형태라고 본다. 이 과정에서 이스라엘은 인종차별주의에 토대를 둔 유대국가의 특성을 버리고 현대 민주주의 국가로 발돋움할 계기도 얻게 될 것이다.

이런 국가를 실현하려면 유엔을 비롯한 국제사회도 노력해야 한다. 20세기 초 국제연맹을 비롯한 국제사회가 팔레스타인 땅에 '유대인의 민족적 고향' 건설을 내세우면서 이스라엘－팔레스타인 분쟁의 빌미를 제공했고, 유엔은 팔레스타인 땅을 유대국가와 아랍국가로 나누면서 이 문제를 격화시켰다. 현재 미국은 공정한 중재자를 자처하나 누가 봐도 이스라엘 쪽에 서 있다. 계속되는 유혈 분쟁을 끝내려면, 유엔을 비롯한 국제사회가 책임감을 가지고 해결하려고 나서야 한다.

'중동평화'를 부르짖는 미국의 진짜 속내

| 홍미정 |

대개의 사람은 미국이 중동 각국에 민주주의적인 가치를 실현하려고 노력한다고 믿는다. 그러나 미국은 이스라엘이 먼저 공격해 발발한 1967년 전쟁 이후 중동지역에서 거래되는 무기의 80퍼센트를 공급하고 있으며, 이스라엘─아랍국가들 간의 영토 협정을 중재한다면서도 이스라엘이 아랍 영토를 불법으로 점령하는 것에 대해선 모른 척해왔다. 이러한 미국의 태도가 오히려 중동지역을 더 불안정하게 하고 있다.

이스라엘 점령 중단이 중동 문제 해결의 첫걸음

미국의 역할을 빼고 나면 중동의 고질적인 불안정성은 중동이 가진 특유의 '문화'로 단순화되어버린다. 이러한 단순화는 나아가 이슬람 파벌

조지 미첼 미국 중동특사(왼쪽)와 사에브 에라카트 팔레스타인 협상대표가 공동 기자회견을 하고 있다.

들의 정치세력화가 미국이 이식하고자 하는 가치에 상반되며, 중동 민주
화 구상에 장애물로 작용한다는 논리로 발전한다. 사실 이슬람 파벌들의
정치세력화는 민주주의 정치제도를 거쳐 이루어졌고, 이들은 미국이 주장
하는 민주주의 가치를 거부하지도 않는다. 합법적인 정치세력인 이슬람주
의자들을 테러리스트로 몰아세운 건 오히려 이스라엘과 미국이다.

그렇다면 문제 삼아야 할 것은 미국이 내건 중동 민주화 구상의 '허구
성'과 숨겨진 '의도'다. 미국의 중동 민주화 구상의 진짜 목표는 빼앗긴
영토를 되찾으려는 세력들을 무력화하는 것이며, 이 때문에 지금도 중동

지역이 불안한 것이다. 그런데도 많은 학자가 이스라엘과 미국의 주장만을 따른다. 민주적이고 공정한 선거를 거쳐 제도권 정치에 들어간 이집트의 무슬림형제단, 레바논의 헤즈볼라, 팔레스타인의 하마스를 너무 쉽게 '불법 이슬람 과격세력'으로 규정해버린 것도 이 때문이다.

1967년 이후부터 지금까지 이스라엘이 살해하고 고향에서 추방한 아랍인들 수에 비하면, 아랍인들이 살해한 이스라엘인들의 숫자는 새 발의 피다. 현재 이스라엘 감옥에는 아랍인 1만여 명이 수감되어 있지만, 팔레스타인을 비롯한 아랍 정부들의 감옥에 이스라엘인들은 없다. 이것만 놓고 봐도 과연 누가 더 과격한지는 다시 정의되어야 한다. 이스라엘이 점령지 팔레스타인에서 저지르는 인권 유린과 살해 위협은 일상적인 것이다. 그 때문에 이슬람주의자들은 이런 상황에 처한 '팔레스타인 해방'을 대의로 내세운다. 따라서 중동지역 문제 해결 방안은 이스라엘의 점령정책을 중단시키는 것에서 출발해야 한다.

미국의 중동 구상 폐기되어야
:

2007년 이스라엘─헤즈볼라 전쟁에서 이러한 왜곡된 인식의 사례를 찾을 수 있다. 당시 상당수 전문가와 언론은 주변 아랍국들이 이스라엘을 위협하고 있다고 보았다. 그 이전의 전쟁에서 이스라엘의 무자비한 폭격에 레바논 전역이 폐허로 변하고, 무방비 상태에 있던 레바논인들이 얼마나 살해되었는지는 무시되었다. 또한 이런 전쟁에서 공포에 빠진 것은 헤즈볼라만큼의 화력을 갖춘 무장단체도 없는, 무차별적인 폭격을 당하면서도 제대로 대응조차 할 수 없었던, 그래서 미디어에서조차 거의 잊힌 팔레스타인인들이었다.

그런데도 당시 많은 언론과 전문가는 이스라엘-헤즈볼라 전쟁이 이스라엘의 생존문제와 직결된다는 점만 강조했고, 이것은 이스라엘이 자국을 방어하기 위해 어쩔 수 없이 전쟁을 해야 한다는 논리로 귀결되었다. 이 논리는 1967년 승리 이후 수십 년간 민간인들을 야만적으로 살해한 이스라엘의 점령정책은 문제 삼지 않은 채, 전쟁 원인을 하마스와 헤즈볼라에서 찾는 일반화된 정설에서 출발한다. 전쟁 시작 시점이 언제인가를 결정하는 것은 누가 공격자이고 방어자인가를 결정하는 중요한 문제다. 분명히 전쟁은 이스라엘이 주변 국가의 영토를 점령하려고 하면서 시작되었다.

레바논의 헤즈볼라는 1982년 이스라엘의 레바논 침공 당시에 창설됐고, 팔레스타인의 하마스는 이스라엘의 점령정책에 대항한 팔레스타인인들의 봉기 과정에서 창설됐다. 이 두 조직의 현실적인 목표는 불법 점령된 영토를 되찾는 것이다. 그런데도 이들의 활동을 신앙적 순수성과 과거 아랍문명 부흥기의 영화를 주장하는 것처럼 강조하는 것은 진실을 왜곡하는 것이다. 이 지역 분쟁의 핵심은 영토와 추방된 주민들이라는 사실을 은폐하기 때문이다.

이제 미국의 허구적인 중동 구상은 재구성이 아니라 폐기되어야 한다. 민주적인 선거를 거쳐 집권한 하마스 정부를 붕괴시켜야 할 테러리스트로 규정함으로써 그 허구성은 이미 백일하에 드러났다. 나아가 이스라엘이 일으켜온 전쟁을 통해서 미국-이스라엘의 '중동지역 패권'에 균열이 생기기 시작했음도 보여준다.

Palestine

팔레스타인은 마침내 평화로워질까

| 서정환 |

2011년 2월 11일. 이집트 민중들은 승리했다. 무려 30년 동안이나 집권했던 호스니 무라바크 이집트 대통령은 민주화 시위가 불붙은 지 18일 만에 하야했다. 이집트 시민들은 매일 밤 춤과 노래로 축제의 날들을 보냈다. 그러나 이집트 외부에서는, 특히 미국과 이스라엘에서는 행여나 이번 시민혁명이 '중동평화'를 깨뜨리지는(?) 않을까 하며 노심초사했다. 양국의 고위 관료들은 팔레스타인과 이스라엘 간의 평화협상에서 '중재자'였던 이집트 역할을 강조하며 이집트 군부 관계자들과 접촉면을 넓히고 있다. 이 지점에서 의문이 든다. 혁명을 성공시킨 이집트 시민들은 '중동평화'를 원하지 않는가? 그게 아니라면 미국과 이스라엘이 말하는 '중동평화'는 어떤 내용이며, 이집트는 어떤 역할을 했던 것일까?

이집트의 '변심'과 아랍의 분열

세계 여느 관광지에서와 마찬가지로 예루살렘의 관광기념품 상점들에서도 이스라엘의 대표적인 문화재나 자연풍경을 담은 티셔츠를 팔고 있다. 그런데 다른 나라에는 없을 듯한 문구가 티셔츠에 쓰여 있다. "미국은 근심하지 마라! 너의 뒤에는 이스라엘이 있다(America don't worry. Israel is behind you)." 매해 미국에서 직간접적으로 45억 달러를 원조받는 이스라엘이 오히려 미국에게 자신들을 믿으라고 하는 것은 분명 오만하게 들린다. 그러나 이스라엘 역사를 훑어보면 이 문구를 이해할 만한 과정이 있다.

1948년부터 '이스라엘 없는 중동'을 가정해보자. 2차 대전 이후, 세계는 자본주의와 사회주의 국가로 양분되었다. 지정학적으로 중요한 곳에 자리한 나라들은 어떻게든 이 질서에 편입되었고, 이집트·이라크·시리아·요르단 등 근대적 국가로 거듭나고 있던 중동 각국에서도 변화는 있었다. 영국의 지배를 받던 중동에서는 민족주의나 이슬람주의가 점점 더 힘을 얻었는데 이런 중동이 서방세계가 주도하는 자본주의 질서에 호의적으로 재편되리라 기대하기는 어려웠다. 중동에서 가장 강력한 친미국가였던 이집트만 해도 1970년 나세르 정권 때까지는 소련(러시아)에서 군사, 경제적 지원을 받았다. 물론 소련과 중국 등 사회주의 국가들도 중동 전체를 그 영향력 아래 두기는 어려웠다. 그러나 대서양 건너 중동에서 '반미反美' 정권은 아니더라도 '비미非美' 정권들은 충분히 득세할 수 있었다. 이런 상황에서 미국의 중동 교두보가 된 것이 이스라엘이다.

'토박이' 중동국가들에게 이스라엘 건국은 절대 받아들일 수 없는 사건이었다. 이 때문에 건국 이틀 후인 5월 16일 이집트가 이스라엘을 공습하면서 1차 중동전쟁이 터졌고, 이어 2차(1956년), 3차(1967년)까지 이스라엘과 아랍국가들은 격렬한 전쟁을 벌여왔다.

세 차례의 중동전쟁에서 언제나 아랍연합군의 선봉대였던 것이 이집트였다. 오랜 옛날부터 지중해와 인도양을 잇는 지리적 배경으로 막대한 부를 축적했던 이집트는 중동국가들을 이끌고 대이스라엘 전쟁을 주도하면서 '아랍의 맹주'라는 이름값을 했고, 당연히 아랍국가들도 이집트와 튼튼한 동맹관계를 유지했다. 그러나 세 차례 전쟁으로도 이스라엘이 '생존'하자 결국 동맹은 깨지고, 이집트 지위는 흔들리기 시작했다.

이런 상황에서 20년간 대이스라엘 전쟁을 이끈 아랍 민족주의 지도자 나세르 이집트 대통령이 1970년 9월 지병으로 갑작스레 사망하고 말았다. 뒤이은 사다트 대통령은 아랍 민족주의보다는 자국 중심의 실용 노선을 채택했다. 이집트는 이스라엘 북쪽의 시리아와 함께 1973년 10월 4차 중동전쟁을 일으켰지만, 1967년 3차 중동전쟁으로 빼앗긴 시나이반도를 되찾는 정도로 만족할 수밖에 없었다. 전쟁 목표를 일부 달성한 사다트는 1979년 3월 미국의 중재 아래 이스라엘과 평화협정을 맺었다. 이 과정에서 이집트는 러시아와 맺었던 관계를 청산하고 미국이라는 새로운 파트너를 맞아들여 미국의 원조를 받게 된다.

이집트의 이런 '변심'은 중동에서 아랍 민족주의가 약화되고, 자국중심주의가 확대됨을 의미하는 것이다. 대이스라엘 전쟁의 선봉장을 잃은 아랍국가들은 이집트를 비난하면서도 '각자도생'을 시작했다. 1980년 이라크-이란 전쟁, 1990년 이라크의 쿠웨이트 침공은 아랍국가들 사이에서 벌어진 것이다. 미국은 이라크-이란 전쟁에서는 이라크를 지원했다가, 이라크가 쿠웨이트를 침공했을 때는 이에 맞서 걸프전을 치르는 등 분열된 아랍사회를 배경으로 그때그때의 상황에 따라 마음대로 중동을 주무를 수 있었다.

'당분간' 이스라엘이 안전한 이유
　∶

미국의 최대 관심사는 이집트 시민혁명이 중동에 어떤 변화를 가져올 것이냐이다. 특히 새로운 권력자가 캠프데이비드협정을 준수할 것이냐 아니냐에 촉각을 곤두세우고 있을 것이다. 물론 이집트 시민혁명이 당장 이스라엘을 위협하지는 않는다. 이스라엘은 여전히 3중 보호막으로 둘러싸여 있기 때문이다. 첫째, 당분간 이집트에서는 캠프데이비드협정을 뒤집을 만한 정치권력이 등장하지 않을 것이다. 기존 군부인사들은 물론이고 아무르 무사 아랍연맹 사무총장, 엘바라데이 전 IAEA 사무총장 등 유력한 차기 대통령 후보로 꼽히는 이들은 모두 캠프데이비드협정을 지지하고 있다. 협정에 반감을 갖고 있는 무슬림형제단은 공식적으로 대선에 출마하지 않겠다고 선언했다.

둘째, 아랍사회의 성격이 그 사이 많이 변했다. 사우디아라비아, 요르단, 아랍에미리트, 터키 등 이스라엘을 둘러싼 국가들은 친미적이다. 이들 국가들은 이집트의 경제성장이 지지부진하던 지난 30년간 오일머니를 통해 비약적으로 발전해왔는데, 미국의 '슈퍼파워'를 배경으로 성장한 것이어서 미국 중심의 중동 질서에 반감이 거의 없다.

셋째, 이스라엘의 군사력도 과거와 다르다. 네 차례 중동전쟁에서 이스

Palestine

라엘은 미국의 군사 지원에 절대적으로 의존했다. 그러나 지금은 자체 군사력만 해도 중동에서 터키와 최고 자리를 다툴 정도로 커졌다. 육군 병력 수는 17만 명으로 이집트 절반 정도에 불과하지만, 미국에서 도입한 독보적인 공군력과 첨단무기로 군사적 우위를 차지하고 있다. 레바논, 시리아처럼 아직도 이스라엘과 대립각을 세우는 나라들도 있지만, 2006년 이스라엘 — 레바논 전쟁에서 보았듯이 어느 중동국가도 더는 개별 국가의 힘으로 이스라엘을 위협하기는 어렵다. 이스라엘은 비공식적으로 약 200기의 핵무기도 보유하고 있다.

이런 3중막이 당장 해제되기란 쉽지 않다. 그러나 '먼 장래에…' 라는 단서만 단다면 불가능한 일도 아니다.

적어도 친미적이지 않은 중동

지난 30년 동안 미국과 이스라엘이 말하는 '중동평화' 의 실체란 이스라엘이 공격받지 않는 것을 뜻한다. 이스라엘에 영토와 물, 주택, 농지, 종교적 성지를 빼앗겨온 팔레스타인인들의 고통이라는 실체는 숨겨진 채 말이다. 그러므로 미국과 이스라엘이 말하는 '중동평화' 는 상당히 오랫동안 도전받을 동기가 충분하다. 그런 점에서 '먼 미래' 를 점쳐보는 일이 그리 무의미한 것은 아니다.

우선 이집트 내부에 새 정치세력이 등장하기 시작했다. 이집트 시민혁명 당시 현장에서 시위대를 지켜본 박재원 한국외대 아랍어과 교수는 "시위에 나온 이집트 사람들은 무바라크를 지지해온 것이 미국이라는 사실을 잘 알고 있다"며 "차기 대선과 관련해 이런저런 인물이 거론되는데 이집트 시민들의 반미라는 정서를 무시하기는 쉽지 않을 것"이라고 분석했다. 캠프데이비드협정 무효를 주장하는 무슬림형제단은 이번 시민혁명 이후 '불법정치단체'라는 멍에를 벗고 합법적 정당으로 정치 활동에 나설 것으로 보인다. 시민혁명에 불이 붙자, 군부정권이 민심 수습 차원에서 무슬림형제단에 제안한 내용이기도 하다. 야권 최대의 조직력을 갖춘 것으로 평가받는 무슬림형제단은 비록 혁명 직후의 대선에는 불출마하기로 했으나 총선에서는 이집트 정치를 주도할 의석수를 확보할 것으로 예상된다. 다른 소수 야당인 알—가드당의 아이만 누르 당수도 한 라디오와 한 인터뷰에서 "캠프데이비드협정은 소멸됐다"며 "최소한 새로운 협정 조건에 관해 재협상해야 한다"고 밝혔다.

이집트에서는 군부정권이 건국 이래 한 번도 권력을 내준 적이 없다. 1979년 이스라엘과 평화협정을 체결한 이후 계속 친미·친이스라엘 노선을 유지해왔다. 하지만 이런 군부정권도 중장기적으로는 입장을 바꾸게 되리라고 대안적 정치세력들은 내다보고 있다. 특히 이집트에서는 미디어의 역할이 크기 때문에 실질적인 정권교체에 걸리는 시간이 훨씬 짧다고 봐야 한다. 물론 이집트의 미래 정권이 집권하자마자 캠프데이비드협정을 깨고 독자적으로 대이스라엘 강경정책을 펴는 것은 비현실적이다. 그렇지만 적어도 이집트와 국경을 맞대고 있는 가자지구의 봉쇄에 협력하지 않을 가능성은 높다. 이처럼 이집트가 이스라엘—팔레스타인 관계에서 최소한의 중립만 유지한다고 해도 이스라엘에는 큰 위협이 될 수 있다.

서정민 한국외대 국제지역대학원 교수는 "중동 사람들의 '인식의 변화'가 5000년간 시민혁명이 없었던 중동에서 이집트의 변화를 이끌어낸 것"이라며 "중동사회가 1980년 후반 동구 공산권 붕괴처럼 도미노 현상을 보이진 않겠지만, 이집트혁명은 분명히 강한 영향을 미칠 것"이라고 분석했다. 추이는 지켜보아야 하겠지만, 중동에서 민주화 요구가 자발적으로 커가고 있는 것은 분명하다.

2011년 1월 14일 벤 알리 대통령을 하야시킨 튀니지혁명 이후 이집트를 비롯한 알제리, 요르단, 사우디아라비아, 예멘, 바레인, 이란, 리비아 등에서도 정치개혁 혹은 생존권을 요구하는 시민들의 시위가 벌어졌다. 이 중동혁명에서 출발된, 중동 민주화 평화 구상은 미국과 이스라엘이 상상하는 그것과 사뭇 다를 가능성이 높다. 미국이 주창했던 '시장'에 기반을 둔 '세속적 민주화'는 이미 설득력을 잃었기 때문이다. 물론 이는 미국이, 권위주의 정권이라도 '친미'이기만 하면 용인하고, 자유선거로 당선되었더라도 '반미'라는 이유로 대안세력(하마스 등)들을 암암리에 공격하거나 불충분한 증거로 이라크에서처럼 전쟁을 벌여 자초한 현상이기도 하다. 그 때문에 아랍 민중들이 대안으로 내놓은 가치는 주로 아랍 민족주의, 이슬람주의, 사회주의 등으로 미국과 이스라엘이 내세우는 가치와 충돌하는 것이었다.

이스라엘에 위협적인 이란의 군사력

⋮

이스라엘 미래에 관해 논할 때 이란의 군사력도 주목하지 않을 수 없다. 이집트, 시리아, 레바논 등 이스라엘 접경국이 군사력을 모은다면 이스라엘은 상당히 위험해진다. 그러나 지금 이스라엘에 가장 큰 군사적 위

중동혁명 이후 팔레스타인 사람들의 삶은 어떻게 달라질까.

협은 이란의 핵개발이다. 이스라엘은 1981년에 이라크의 오시라크 원전을, 2007년에 시리아의 핵시설을 선제공격해 파괴할 정도로 '핵공포증'을 앓고 있다.

이란의 아흐마디네자드 대통령은 "이스라엘을 지도에서 없애버려야 한다" "홀로코스트는 유대인이 이슬람 세계 한가운데에 유대국가를 만들어내기 위해 만들어낸 신화"라는 강경한 발언으로 이스라엘을 자극해왔다. 하지만 이스라엘에게 이란 공격은 레바논, 시리아, 이라크와 벌인 전쟁처럼 간단한 문제가 아니다. 이스라엘과 이란 사이에는 요르단, 시리아, 이라크, 사우디아라비아 등 남의 전쟁에 휘말리고 싶지 않은 국가들이 끼여 있고, 미국 역시 중대한 원유 수송로인 호르무즈해협을 끼고 있는 이란과 전쟁을 벌이는 것이 부담스럽긴 마찬가지다.

지정학적인 바리케이드 안에서 중국과 러시아의 은근한 지원까지 받고 있는 이란은 걸프전 이후 중동지역에서는 최초로 러시아제 잠수함 3척을 도입했다. 2005년에는 이스라엘을 사정권에 둘 수 있는 BM-25 미사일을 북한에서 수입했으며, 2009년에도 자체 개발한 세질-2 미사일 시험 발사에 성공했다. 1979년에 이란혁명을 완수한 이란에는 설령 아흐마디네자드 정권이 아니라도 친미·친이스라엘 정권이 들어설 가능성은 거의 없다. 따라서 이란과 그 군사력은 시간이 갈수록 이스라엘에 더 큰 위협이 될 수 있다.

중동의 변화에 불리해진 미국과 이스라엘

'평화' 란 본질적으로 힘의 균형을 뜻한다. 이스라엘은 건국 이후 폭력적인 방법으로 팔레스타인을 지배해왔다. 그 이유는 미국이 받쳐주는 한, 미국에서 수입한 성능이 뛰어난 무기로 무장하는 한 전쟁에서 반드시 승리할 수 있다는 자신감이 있었기 때문이다. 그러나 이란과 같은 반미·반이스라엘 국가의 군사력 증강은 더는 전쟁을 유용한 수단으로 쓸 수 없음을 암시한다.

이집트, 이란 같은 주변 국가들을 더는 힘으로 제압할 수 없다면, 미국과 이스라엘은 군사적인 것보다는 정치적 해법을 찾지 않을 수 없다. 2011년 이후 중동의 변화는 미국과 이스라엘을 정치, 외교적으로 불리하게 만들고 있는 게 사실이다. 지금으로서는 그것이 어떤 형태를 띠게 될지 섣불리 판단할 수 없다. 하지만 상상력을 가능한 한 넓힌다면, '더 먼 미래에 과연 이스라엘은 생존할 수 있을까' 라는 질문에 이전처럼 쉽게 '예' 라고 대답할 수는 없다. 반면 '팔레스타인인들은 마침내 평화롭게 살 수 있을까' 라는 물음에는 이전보다 더 쉽게 '예' 라고 대답할 수 있을 것이다.

위기에 처한 동예루살렘 이슬람 성지

| 홍미정 |

무엇이 문제인가?

    2015년 9월 13일 이스라엘 정착민 80명이 이스라엘 군대를 대동하고 알 아크사 모스크를 방문하여 총을 쏘는 등 직접 공격하면서 이스라엘과 팔레스타인 사이에 심각한 폭력적 긴장을 유발했다.

    2015년 10월 1일부터 10월 23일까지 비무장 팔레스타인인 57명이 이스라엘 군인들과 정착민들의 공격으로 사망하고, 이스라엘인 8명 역시 팔레스타인인들의 공격으로 사망했다. 이런 상황에서 10월 23일, 이스라엘 총리 네타냐후는 "이스라엘 정부는 '알 아크사 모스크 복합단지 현상 유지' 정책을 견지한다. 이스라엘이 현재 상태를 변경시키려고 한다는 팔레스타인인들의 주장은 실수이거나 고의적인 속임수다"라고 주장했다.

    10월 24일 미국무장관 존 케리는 요르단 암만에서 왕 압둘라와 팔레스타인 수반 압바스를 만난 이후, "긴장을 완화시키기 위해서, 이스라엘이 알 아크사 모스크 전역을 24시간 감시하는 카메라를 설치할 것이다. 카메라 설치는 정말로 동 예루살렘 성지의 게임 체인저가 될 것이다. 알 하람 알 샤리프/템플 마운트에 대한 네타냐후의 변함없는 현상 유지 정책을 재확인해서 기쁘다. 요르단 압둘라 왕이 이 제안을 했고, 이스라엘 총리 네타냐후가 수용했다"라고 공표했다.

　　그러나 팔레스타인인들은 이러한 감시 카메라 설치 계획에 강력하게 반대한다. 팔레스타인인들은 존 케리가 암만을 방문하기에 앞서 10월 22일 네타냐후를 만났을 때 "네타냐후가 알 아크사 모스크 전역을 24시간 감시하는 카메라 설치 제안을 한 것"이라고 주장했다.

2015.11.04. 압둘라 왕 예루살렘 대표단을 초청.

Palestine

따라서 존 케리의 카메라 설치 발표는 예루살렘 팔레스타인인들의 격렬한 항의를 불러 일으켰다. 결국 11월 4일 압둘라 왕은 27명으로 구성된 와끄프 대표단과 가톨릭 대표와 그리스 정교회 대표를 포함하는 예루살렘 대표단을 암만으로 초청해서, "요르단이 알 아크사 모스크 외곽에 카메라를 설치하고, 요르단이 관리할 것"이라고 공표했다.

한편 프랑스는 예루살렘 성지, 특히 알 아크사 모스크(템플 마운트) 현상 유지를 위하여 국제 감시단 배치를 요청하는 유엔안보리의장 성명을 요청했다. 10월 13일(화) 유엔주재 프랑스 대사인 프랑스와 델라트레 Francois Delattre는 프랑스가 예루살렘 사태의 악화에 관한 안보리 회의에서 알 아크사 현상 유지 정책을 지속시킬 필요성에 관한 의장 성명 초안을 준비했다고 밝혔다. 그러나 그는 현장에 국제 감시단을 파견할 가능성에 대해서는 밝히지 않았다.

10월 14일(수) 팔레스타인 유엔 주재 대표 리야드 만수르 Riyad Mansour는 예루살렘에서 팔레스타인인들을 겨냥한 극단주의자 정착민들과 이스라엘 군사점령 중지를 위해서 유엔안보리의 즉각적인 개입을 요구했다. 그는 유엔안보리에 1994년 헤브론 소재 아브라함 모스크 대량학살 이후 채택한 904호 결의와 비슷한 결의를 예루살렘에서 팔레스타인인들과 이슬람 성지의 보호와 안전을 보증하여 채택하도록 요청했다.

유엔안보리는 1994년 이스라엘 정착민이 저지른 헤브론 대량학살의 결과 904호 결의를 발표했다. 1994년 3월 18일에 공표된 유엔안보리 결의 904호는 이스라엘에 팔레스타인인들을 겨냥한 불법적인 폭력을 중단하도록 정착민들을 무장 해제하라고 요구한다.

반면, 10월 16일(금) 이스라엘 유엔 주재 대표는 다니 다논 Danny Danon은 같은 날 알아크사 모스크에 대한 유엔 차원의 논의를 거부하면서, 이스라엘은 현상 유지를 해치는 알 아크사 모스크에 대한 어떤 국제적인 개입도 거부한다고 밝혔다.

이러한 알 아크사 모스크에 대한 분쟁은 1967년 6월 7일 이스라엘이 동예루살렘을 무력으로 점령하면서 시작되었다. 같은 6월 27일 이스라엘은 예루살렘 시 경계를 재조정하면서, 동예루살렘과 서예루살렘을 통합했다.

유네스코[UNSCO]는 요르단과 팔레스타인이 제시한 알 아크사 모스크에 대한 정의를 채택했다. 이 정의에 따르면, 알 아크사 모스크는 알 무가라비 게이트를 포함한 알 아크사를 둘러싼 전체 신성한 복합단지다. 한 걸음 더 나아가 이 결의는 예루살렘 구 도시 벽들 내에서의 모든 발굴 작업과 파괴 행위를 중단하도록 이스라엘에 요구했다.

현재 이스라엘 군대가 알 아크사로 들어가는 모든 입구를 지키며, 알 아크사 모스크에 누가 들어가고 누가 못 들어가느냐를 결정한다. 결국 이스라엘 군대가 알 아크사 모스크 복합건물을 사실상 점령하고 있으며, 이스라엘 정착민들과 군대의 공격이 예루살렘 성지를 전례 없는 긴장으로 이끌고 있다.

알 하람 알 샤리프, 알 아크사 모스크 '현상 유지'란?

동예루살렘에 위치한 알 하람 알 샤리프, 알 아크사 모스크는 메카, 메디나에 이어 이슬람교의 세 번째 성지이며, 무슬림들이 메카를 향해 기도

예루살렘 구도시 전경. 오른쪽이 바위돔 모스크(황금돔)이고, 반대편 왼쪽의 검은 돔이 알 아크사 모스크다.

하기 이전에 최초로 기도하던 방향이었다. 624년까지 예언자 무함마드와 무슬림들은 예루살렘을 향해 기도했다. 그래서 알 아크사 모스크의 다른 이름은 끼블라(예배 방향) 모스크다.

2015년 4월 20일, 유네스코는 "알 아크사 모스크란 알 무가라비 게이트를 포함한 알 아크사 모스크를 둘러싼 신성한 복합단지 전체"라고 정의하고, 이스라엘에게 "현상 유지를 해치는 알 하람 알 샤리프, 알 아크사 모스크에서 모든 발굴 작업과 파괴 행위를 중단"하도록 요구했다.

일상적으로 이스라엘 군인들은 알 아크사 모스크의 모든 출입구를 통제하면서, 팔레스타인인들의 기도할 권리를 박탈해왔다. 게다가 이스라엘 정착민들과 군인들은 도발적으로 알 아크사 모스크에 들어와서 자유롭게 휘젓고 다니면서, 총격을 가하는 등 파괴적인 행위를 했다.

이러한 행위에 반대하면서, 2014년 11월 이스라엘 세파르디 랍비 수장인 이츠하크 요셉(재임. 2013~현재)은 "유대인들의 템플 마운트(유대인들이 알 아크사 모스크 복합단지를 지칭하는 용어) 방문은 유대교법으로 금지되어 있다"라고 밝혔다. 2013년 2월 이스라엘 아쉬케나지 랍비 수장 데이비드 라우(재임. 2013~현재)도 유대인들의 템플 마운트 방문을 금지했다. 1921년 영국 위임통치하의 초대 아쉬케나지 랍비 수장이었던 아브라함 이츠하크 쿡이 유대인들의 템플마운트 방문을 금지한 이후, 대부분의 이스라엘 유대교 랍비 수장들은 유대인들의 템플마운트 방문을 금지했다.

영국 위임통치 정부의 알 하람 알 샤리프와 서쪽 벽 소유권 정의

1차 세계대전 이후, 영국의 팔레스타인 위임통치하에서 알 하람 알 샤리프와 서쪽 벽에 대한 무슬림들과 유대인들의 분쟁이 시작되었다. 무슬림들은 "이 벽이 알 아크사 모스크의 일부"라고 주장한다. 유대인들은 "이 벽이 과거 유대교 성전의 흔적을 보존"한다고 주장한다.

1922년 영국 위임통치 정부는 현상 유지 협정a Status Quo Agreement을 공포하고, 유대인들이 서쪽 벽에 대한 소유권과 통제권을 주장하거나 이 벽과 그 주변을 강화하거나 가로막기 위하여 어떤 것을 설치하는 것을 금지했다.

1928년 11월 영국 정부 백서에는 이 벽에 대한 무슬림들의 권리와 소유권을 다음과 같이 확증하고 있다. "이 벽은 알 하람 알 샤리프의 일부다. 이 벽은 무슬림들의 성지이며, 법률적으로 무슬림 공동체의 완전한 재산이다. 와끄프 관리자가 보전한 문서들이 보여주듯이. 그 앞에 있는

서쪽 벽과 무가라비 게이트.

포장된 길쭉한 지역은 와끄프 재산이다."

1930년 12월 서쪽 벽에 관한 영국 조사위원회 보고서는 "서쪽 벽은 알 하람 알 샤리프의 일부로 알 하람 알 샤리프 서쪽을 둘러싸고 있다"라고 밝혔다.

그러나 이러한 공개적인 조사 발표와는 달리, 영국 당국자들은 유대인들이 기도하는 동안에 서쪽 벽에 대한 일반 대중의 접근을 제한했고, 예배 장치들을 설치하고, 사실상 이 벽을 '유대구역'으로 전환시키도록 허용했다. 이러한 영국위임통치 정부의 이중적인 정책은 팔레스타인 무슬림들에게 예루살렘 성지, 알 하람 알 샤리프를 위협하는 유대인들의 존재에 대한 두려움을 유발시켰다.

'현상 유지와 유엔 결의 위반' 하는 이스라엘의 정책

1967년 6월 7일 이스라엘은 요르단을 축출하고 알 하람, 알 샤리프를 포함한 동예루살렘을 점령했다. 1967년 6월 27일, 이스라엘은 법과 행정 조례를 변경하여 동예루살렘을 서예루살렘과 통합함으로써 이스라엘 영토로 전환시켰다.

1980년 7월 30일 이스라엘 의회는 '이스라엘의 수도, 예루살렘 기본법'을 제정하면서, '예루살렘을 이스라엘의 수도'라고 공포했다. 한걸음 더 나아가 1984년 이스라엘은 일방적으로 '서쪽 벽을 이스라엘 국가 재산'으로 등록했다. 그러나 이미 1967년 11월 22일 유엔 안보리 결의 242호는 이스라엘에게 1967년 전쟁에서 점령한 영토에서 철수할 것을 요구했다. 1980년 6월 30일 유엔 안보리 결의 476호, 1980년 8월 20일 478호는 이스라엘의 점령 종결을 요구하고, 동시에 예루살렘 지위 변경 무효를 재차 선언하면서 '이스라엘의 수도, 예루살렘 기본법 무효'를 선언했다.

이와 같이 유엔은 이스라엘의 동 예루살렘 합병을 인정하지 않고, '예루살렘 성지의 특성과 지위를 변경시켜온 모든 조치와 행위들을 무효'라는 입장을 분명히 한다. 그러나 2015년 10월 16일 이스라엘 유엔주재 대표 다니 다논은 알아크사 모스크에 대한 유엔 차원의 논의를 거부하면서, 이스라엘은 현상 유지를 해치는 알 아크사 모스크에 대한 어떤 국제적인 개입도 거부한다고 밝혔다.

2015년 10월 21일 유네스코는 알 아크사 모스크에 대한 무슬림들 출입을 제한하는 이스라엘 조치를 비난하는 결의안을 채택했다. 10월 20일

알제리, 이집트, 쿠웨이트, 모로코, 튀니지, 아랍에미리트가 제출한 이 결의안 초안은 이스라엘이 무슬림들에게 부과한 하람 알 샤리프(예루살렘 구 도시), 알 아크사 모스크 출입제한 조치 비난하면서, "서쪽 벽을 알 아크사 모스크의 일부라고 규정"했다. 그러나 유네스코는 이 결의안을 채택하기 직전에, 매우 논쟁적인 주제인 "서쪽 벽을 알 아크사 모스크의 일부라고 규정"한 조항을 빼버렸다.

최근 더욱 강화된 알 아크사 모스크에 대한 이스라엘의 출입 제한 조치, 이스라엘 군인과 정착민들이 빈번하게 저지르는 알 아크사 모스크에서 폭력적인 행위, 게다가 이스라엘이 알 아크사 모스크를 분할하려고 계획하고 있다는 널리 퍼진 소문이 팔레스타인인들의 분노를 격화시킴으로써 이스라엘/팔레스타인 유혈 폭력 사태를 촉발시켰다. 올해 들어 팔레스타인 사회에 널리 퍼진 소문은 "1994년에 발생한 헤브론 아브라함 모스크 분할 전례를 따라, 이스라엘인들이 예루살렘 알 아크사 모스크도 분할하여 유대 구역을 만들려고 한다"라는 것이다. 팔레스타인인들은 1994년 헤브론 아브라함 모스크가 분할된 것처럼, 예루살렘 알 하람 알 샤리프, 알 아크사 모스크가 분할될까 봐 매우 두려워한다.

1994년 2월 25일 미국 태생의 이스라엘 정착민 골드스타인이 헤브론 소재 아브라함 모스크에서 예배 중이던 무슬림들을 공격하여 29명을 살해했다. 이후, 이스라엘은 아브라함 모스크를 이슬람 모스크와 유대 시나고그로 분할했다. 미디어 대부분은 아브라함 모스크 테러 사건을 골드스타인 개인의 행위로 보도하였으나, 팔레스타인인 대다수는 아브라함 모스크를 분할하기 위하여 이스라엘 정부가 기획한 것으로 믿는다. 현재 이스라엘 군인들이 헤브론 아브라함 모스크와 그 주변을 완전히 통제함으로써,

이 지역은 팔레스타인인들이 거의 생활할 수 없는 구역으로 변화되었다.

2015년 10월 1일부터 10월 23일까지 비무장 팔레스타인인 57명이 이스라엘 군인들과 정착민들의 공격으로 사망하고, 이스라엘인 8명 역시 팔레스타인인들의 공격으로 사망했다. 베들레헴 대학 강사인 루바바 사브리에 따르면, 여학생들은 무서워서 혼자 다닐 수 없고, 남학생들은 거리에서 체포될까 두려워 학교에 오지 못한다.

앞서 2015년 10월 23일, 이스라엘 총리 네타냐후는 "이스라엘이 현재 상태를 변경시키려고 한다는 팔레스타인인들의 주장은 실수이거나 고의적인 속임수다"라고 주장했다고 했다. 2015년 10월 24일 미국무장관 존 케리는 "알 하람 알 샤리프/템플 마운트에 대한 네타냐후의 변함없는 현상 유지 정책을 재확인해서 기쁘다"라고 밝혔다고 했다. 유네스코-국제사회와 네타냐후-존 케리가 사용하는 '현상 유지'의 의미는 명백히 서로 충돌하는 것으로 보인다. 유네스코-국제사회가 의미하는 현상 유지는 '이스라엘의 공세적인 점령정책의 중단'이며, 네타냐후-존 케리가 의미하는 현상 유지는 '불법적인 이스라엘 점령 정책 강화'인 것이다.

중동으로 돌아온 러시아

| 사타르카셈[■] |

블라디미르 푸틴 러시아 총리는 대통령으로 재직하던 2005년 "소련의 붕괴는 지정학적인 재앙이었다"고 선언했다. 이 발언의 의미는 소련의 붕괴로 미국이 지정학적 영향력과 지배력을 넓혀가면서 세계를 전략적으로 '불균형 상태'로 몰고 갔다는 것이다. 소련이 무너진 뒤 '강요된 감금 상태'에 처할 정도로 밀리기만 했던 러시아에 이 말은 진실이다. 미국이 세계의 거의 모든 지역으로 전진해나가면서 러시아는 끊임없이 억눌리고 굴욕을 당했다.

[■] 1948년 9월 21일 팔레스타인 툴카름에서 태어났다. 미국 캔자스 대학, 미주리 대학에서 공부했고, 현재 알나자 대학 정치학과 교수다. 이스라엘 감옥에서 수년간 옥살이를 했고 가택연금도 당했다. 팔레스타인 자치정부의 부패상을 비판하다가 파타당 지지자들에게서 테러를 당한 일도 있다.

움직이기 시작한 러시아

:

푸틴 대통령은 중요한 국제적 이슈들에서 러시아가 영향력 있는 역할을 하지 못하는 것에 대해 분명히 불만스러워했고, 거침없던 소련 시절의 강력한 추진력을 회복하려고 했다. 특히 중동은 초강대국들이 경쟁하면서 남의 일에 간섭하기에 적절한 공간이었다. 이 지역은 늘 불안정했고 이스라엘과 최종적으로 평화를 확정짓는 일은 여전히 멀다.

그동안 미국은 중동지역의 정치적인 무대를 독점해왔고, 러시아에는 단지 의례적인 몫만을 주었을 뿐이다. 예를 들어 2003년의 '중동평화 로드맵'은 미국과 유엔, 러시아와 유럽연합이 공동으로 만들어낸 정치적 안건으로 볼 수 있지만, 실행 과정에서 러시아의 역할은 4자 공식회담에 의례적으로 한 자리 차지하는 정도로 제한되었다.

아마도 이 때문에 푸틴 대통령은 집권 2기 때 시리아에 '스트렐리츠' 대공 미사일을 판매하기로 결심한 것으로 보인다. 현재 아랍국들의 영공은 이스라엘 전투기들 앞에서 무방비 상태나 다름없이 개방돼 있기 때문에 시리아는 진작부터 러시아에 이 미사일을 팔라고 애원해왔다. 수년간 이 요청을 완강하게 거절한 러시아가 전격적으로 태도를 바꾼 것이다.

2005년에도 푸틴은 바샤르 알 아사드 시리아 대통령이 러시아를 방문했을 때 시리아가 러시아에 진 110억 달러나 되는 부채의 70퍼센트를 경감해주기로 약속하고 동시에 시리아에 영공 방어체제를 구축해주기로 했다. 이스라엘과 미국은 경악했지만, 러시아는 단호하게 이 거래가 성사될 것이라고 선언했다.

이후 러시아는 중동에 관한 새로운 접근법을 반복해서 제시하고 실천해

Palestine

왔다. 예를 들어 이제 러시아 지도자들은 중동 순방에 나설 때마다 이집트, 팔레스타인, 이스라엘 등을 고루 방문한다. 이것은 공평하게 보이지만 이스라엘과 미국은 이 지역 정치에 대한 미국의 독점 상태가 깨질 것을 우려한다. 이스라엘과 미국은 중동평화를 위해 다른 여러 나라도 참여하는 것이 감사하다고 밝히기는 했지만, 러시아가 사소하고 주변적인 일만 맡도록 한정한다.

러시아의 약속
:

이스라엘과는 반대로 팔레스타인 사람들은 러시아가 이 지역으로 돌아온 것에 대해 크게 부풀어 있다. 왜냐하면 그들에게는 '중립적인 세력'이 절실하기 때문이다. 팔레스타인인들은 지난 십수 년간 중동에 평화가 정착되도록 러시아가 중요한 몫을 해달라고 요청해왔으나 러시아는 계속 주저했다. 이 때문에 팔레스타인 사람들은 실망하고 용기를 잃은 채 미국과 이스라엘에 희생될 수밖에 없었다.

팔레스타인 사람들은 국제적으로 미국과 경쟁할 상대가 없어 아랍국, 특히 팔레스타인의 입지가 약해졌고, 이 때문에 중동이 평화로워질 수 없었노라 주장해왔다. 그리고 미국이 중동평화가 아닌 자신들이 항복하는 쪽으로 몰아가고 있다고 호소해왔다. 러시아의 등장이라는 새로운 상황을 맞아 팔레스타인인들은 이제야 비로소 숨 돌릴 기회를 얻었노라며 기뻐하고 있다.

푸틴 등 러시아 지도자들은 러시아가 중동에서 정치적으로 건설적인 구실을 하기 위해 돌아왔으며 최종적인 평화 정착을 위해 열심히 노력할 것이라고 약속했다. 또한 러시아는 중동평화회담 당사국들에게 모스크바에서 정상회담을 열자는 제안도 했다. 그러나 미국은 당장 이 제안이 효과도 없고 시기도 적절하지 않다며 거부했다.

러시아는 팔레스타인 자치정부를 돕겠다고 약속했다. 인티파다 초기에 이스라엘이 헬리콥터들을 부숴버렸는데 그 대신 쓸 수 있는 헬리콥터 두서너 대도 자치정부에 선물했다. 이제 러시아는 정치, 경제적으로 상당히 안정되었고, 이로 인해 국제정치에 더 깊이 개입할 수 있는 여유도 갖게 되었다.

나는 러시아가 구소련이 아랍국들과 맺었던 전면적인 유대관계를 재정립할 것이라고 기대한다. 아랍국들과 러시아는 이해관계가 깊고, 서로 얻을 수 있는 것도 많다.

Palestine

1897년 8월	스위스 바젤에서 제1차 시오니스트 대회 개최. '팔레스타인 땅에 유대국가를 건설한다' 는 선언문 발표.
1914년 7월	1차 대전 발발.
1917년 11월	아서 밸푸어 외무장관이 유대인 대표인사에게 보내는 편지에서 '팔레스타인 땅에 유대인의 민족적 고향 건설'을 약속. 단 이것은 유대인들이 1차 대전에서 영국을 돕는다는 조건에서였다.
1945년 9월	2차 대전 종료. 두 번의 세계대전 과정에서 아랍사회는 중세 봉건적인 오스만투르크제국에서 놓여남. 아프가니스탄, 이집트, 예멘, 터키, 사우디아라비아, 이란 등 오늘날의 중동국가들이 속속 건국됨.
1947년 11월	유엔 총회는 팔레스타인에 대해서만큼은 유대인 이민자들 중심의 유대국가와 토착 팔레스타인인들 중심의 아랍국가로 분할키로 결정(유엔 결의안 181호).

1948년 5월	이스라엘 건국 선포. 이에 반대하는 아랍국가들의 선전포고로 1차 중동전쟁 발발. 이 전쟁에서 이스라엘이 승리하면서 80만여 명의 팔레스타인 난민 발생.
1964년 5월	PLO 창설. '영국령 팔레스타인 영토 전체에 팔레스타인 독립국가 건설을 위한 무장 투쟁' 선언.
1967년 6월	이스라엘, 3차 중동전쟁 감행. 전쟁 결과 이스라엘은 오늘날과 같은 '정상국가'의 지위를 확보. 즉, 점령한 영토 일부를 아랍의 맹주인 이집트와 요르단에 반환하기로 하면서 주권 국가임을 인정받는 한편, 전쟁 이전 점령지에 대한 영토 주권도 획득. 아랍국가들은 더는 이스라엘이 팔레스타인 땅에서 완전히 사라져야 한다고 주장하지 않았고, 팔레스타인인들의 독립운동 지원에도 소홀해짐.
1987년 12월	가자지구에서 팔레스타인 청년 네 명이 이스라엘 군용차에 깔려 죽는 사건이 발생. 1차 인티파다 발발.

1993년 9월	1차 인타파다 결과로, 이스라엘-PLO 간에 '오슬로협정' 체결. 미국의 중재로 타결되었으며 이 협정으로 이스라엘은 동예루살렘과 서안, 가자지구에서 팔레스타인인들의 자치를 인정하는 대신 PLO는 무력투쟁을 하지 않기로 함. 하마스는 이 합의에 반대하며 PLO에서 탈퇴.
1996년 1월	첫 총선 실시. 아라파트 수반 선출.
2000년 9월	2차 인티파다 발발. 이스라엘 우익 야당인 리쿠드당의 샤론 당수가 이슬람교도들의 제1 성지인 예루살렘의 알아크사 사원에 무단 침범. 이에 항의하는 팔레스타인인들의 시위가 대대적으로 확산. 1차 인티파다가 오슬로협정이라는 결과물을 낳은 것과 달리 2차 인티파다는 뚜렷한 성과 없이 끝남.
2001년 9월	미국 뉴욕에서 9 · 11테러 발생.
2002년 2월	이스라엘, 총길이 730킬로미터의 분리장벽 건설 시작. 서안과 가자지구가 고립되고, 점령촌은 확대됨.
2003년 4월	조지 부시 미 대통령이 오슬로협정의 구체적인 이행 방안인 '중동평화 로드맵' 제안. 이후 부시 대통령과 샤론 이스라엘 총리, 마흐무드 압바스 팔레스타인 총리가 회담을 열기도 했으나, 이스라엘이 로드맵의 전제 조건인 가자, 서안지구에서 병력을 철수하지 않고 점령촌도 계속 건설함으로써 로드맵은 곧 사문화됨.
2004년 3월	하마스 지도자 아흐마드 야신이 이스라엘 헬기 공격으로 사망.

2004년 11월	아라파트 수반 노환으로 사망.
2006년 1월	팔레스타인 총선에서 하마스 승리. 미국과 유럽연합은 마흐무드 압바스를 수반으로 하는 기존 파타당 정부만을 인정하며, 팔레스타인에 대한 원조 중단.
2007년 6월	가자지구에서 하마스 통치권 장악. 사실상 서안은 파타당 정부, 가자지구는 하마스 정부가 통치하게 됨. 이후 팔레스타인의 정치 시계는 정지.
2008년 12월	이스라엘이 하마스가 집권하고 있는 가자지구에 대규모 군사 작전 'Cast Lead' 감행. 민간인 1,300여 명 사망.
2011년 1월	이집트 시민혁명 발발. 친이스라엘, 친파타당 입장이었던 무바라크 대통령 사임. 중동 질서의 재편 예고.
2011년 5월	파타당과 하마스, 1년 내 총선 실시 합의.
2012년 12월	유엔, 비회원 옵저버 '단체^{entity}'에서 '국가^{state}'로 승인. 한국 기권.
2014년 7월	이스라엘, 가자지구에 대규모 공습. 사망자 2,220명 발생.
2015년 3월	이스라엘 총선에서 강경 리쿠드당 승리. 네타냐후 총리 연임.
2016년 2월	이스라엘, 팔레스타인 서안 남부에서 최대 규모의 '철거 작전' 감행. 팔레스타인 2개 마을, 23채 가옥 철거. 난민 110여 명 발생.